JOURNAL HISTORIQUE
DU VOYAGE
DE M. DE LESSEPS.

PARTIE I.

A PARIS,

Chez MOUTARD, Imprimeur-Libraire,
rue des Mathurins, Hôtel de Cluni.

JOURNAL HISTORIQUE

DU VOYAGE

DE M. DE LESSEPS,

Conful de France, employé dans l'expédition de M. le comte de la Péroufe, en qualité d'interprète du Roi ;

Depuis l'inftant où il a quitté les frégates Françoifes au port Saint-Pierre & Saint-Paul du Kamtfchatka, jufqu'à fon arrivée en France, le 17 octobre 1788.

PREMIÈRE PARTIE.

A PARIS,

DE L'IMPRIMERIE ROYALE.

M. D C C X C.

À MONSEIGNEUR

LE MARÉCHAL DE CASTRIES,

Miniſtre d'État.

*M*ONSEIGNEUR,

*E*N m'annonçant que vous aviez jeté les yeux ſur moi, pour accompagner M. le comte de la Pérouſe en qualité d'interprète, vous eutes la bonté de donner à mon zèle les encouragemens les plus flatteurs.

J'étois loin de prévoir alors l'heureux terme de mon voyage, de croire qu'il me fût réſervé de rapporter à notre auguſte Monarque, le journal curieux de nos premières découvertes.

Tout m'aſſure, MONSEIGNEUR, que votre bienveillance a influé ſur ma miſſion ; c'eſt donc à vous que je dois l'hommage de son succès.

Ne jugez pas cependant de ma gratitude d'après l'intérêt de l'ouvrage que j'ai l'honneur de vous offrir; je n'ai jamais senti plus vivement le chagrin de sa médiocrité qu'en le mettant sous vos auspices: mais si vous daignez rendre justice à ma reconnoissance, elle seule fera le prix du tribut que j'ose vous présenter.

Je suis avec le plus profond respect,

MONSEIGNEUR,

Votre très-humble & très-obéissant serviteur,

LESSEPS.

AVERTISSEMENT.

Le titre de cet ouvrage annonce ce qu'il eſt. Pourquoi m'étudierois-je à prévenir le jugement du lecteur! en aurai-je plus de droits à ſon indulgence, quand je lui aurai déclaré que, dans le principe, je n'eus pas la prétention de faire un livre! ma relation ſera-t-elle plus intéreſſante, quand on ſaura que j'y travaillai uniquement par le beſoin d'amuſer utilement mon loiſir, & avec la ſeule vanité de rapporter à ma famille le journal fidèle de mes peines & de mes obſervations dans le cours de mon voyage! Il eſt aiſé de voir que j'ai écrit par intervalles, avec ſoin ou négligence, ſuivant que les circonſtances me l'ont permis, que les objets m'ont plus ou moins frappé.

Averti par le ſentiment de mon inexpérience, j'ai cru me devoir à moi-même de ne laiſſer échapper aucune occaſion de m'inſtruire, comme ſi j'euſſe prévu qu'on

me rendroit comptable de mes momens &
des connoiſſances que j'étois à portée de
recueillir; mais de cette exactitude ſcrupuleuſe à laquelle je me ſuis aſtreint, ne
réſultera-t-il pas le défaut de grâces &
de variété dans ma narration ?

D'ailleurs, les événemens qui me ſont
perſonnels, ſe trouvoient tellement liés aux
ſujets de mes remarques, que mon amour-
propre n'a eu garde de ſupprimer ces détails : j'ai donc mérité le reproche d'avoir
trop parlé de moi ; c'eſt le péché d'habitude des voyageurs de mon âge.

Indépendamment de cette fatigante mal-
adreſſe, je m'accuſerai encore d'être tombé
dans des répétitions fréquentes qu'eût
évitées une plume plus exercée. Sur cer-
taines matières, & particulièrement en fait
de voyages, comment ne pas ſe former
un ſtyle de routine ! de-là, des tours &
des expreſſions qui reviennent ſans ceſſe :
pour peindre les mêmes objets, on ne ſait
employer que les mêmes couleurs.

En commençant ce Journal, le ſurlendemain de mon débarquement au port de Saint-Pierre & Saint-Paul, je fus d'abord arrêté par l'embarras des dates. Je n'avois point d'almanach François, & je finis par adopter le vieux ſtyle en uſage en Ruſſie; il me diſpenſoit de ſonger continuellement à la différence des onze jours que le nouveau ſtyle compte de plus; mais lorſqu'il a été décidé, contre mon attente, que cet ouvrage recevroit le grand jour de l'impreſſion, je me ſuis empreſſé de rétablir dans les dates l'ordre reçu parmi nous, c'eſt-à-dire, le nouveau ſtyle; & pour la commodité du lecteur je les ai miſes en marge.

Quant à la prononciation des mots Ruſſes, Kamtſchadales & autres, j'obſerverai que toutes les lettres doivent être bien articulées. Je me ſuis attaché, même dans le vocabulaire, à élaguer les conſonnes, dont le concours confus décourage & n'eſt pas toujours néceſſaire. Règle générale, le *kh* doit être prononcé de même que le *ch* des

Allemands, ou le _J._ des Eſpagnols ; & le _ch_ comme dans notre langue. Les ſyllabes finales _oi_ & _in_, ſe prononceront comme ſi elles étoient écrites _oï_ & _ine_.

L'habile géographe qui s'eſt plu à donner ſes ſoins à mes cartes, y a tracé ma route avec une ſi grande préciſion, que le lecteur peut me ſuivre pas à pas. C'eſt ce qui m'a déterminé à retrancher dans ma narration, toutes les notes ſur les degrés de latitude & de longitude.

Une caravane Kamtſchadale arrivant dans un village, eſt le ſujet que j'ai choiſi pour la gravure, parce qu'il peut à la fois, ce me ſemble, donner une idée des traîneaux, des diverſes poſitions des voyageurs, de leur coſtume & d'un ſite. A la pureté du deſſin & à la perfection du burin, on reconnoîtra le talent de deux artiſtes juſtement célèbres.

Il me reſte à juſtifier le retard qu'a éprouvé l'impreſſion de ce Journal. Sans contredit j'aurois pu le faire paroître plus tôt ; mon devoir même l'exigeoit, mais ma recon-

noissance me prescrivoit en même temps
d'attendre le retour de M. le comte de la
Pérouse. Qu'est-ce que mon voyage, me
suis-je dit ! Pour le public, ce n'est qu'une
suite de l'importante expédition de ce
commandant ; pour moi, c'est la preuve
honorable de sa confiance : double motif
par conséquent pour désirer de lui sou-
mettre les détails de ma relation. Mon
propre intérêt m'en faisoit également une
loi : combien je me susse estimé heureux, si,
me permettant de publier mon voyage à la
suite du sien, il eût daigné m'associer à
sa gloire ! c'étoit-là, je l'avoue, l'unique
but de mon ambition & de mes délais.

Qu'il est cruel pour moi, après un an
d'attente & d'impatience, de voir reculer
encore ce terme de mes espérances ! Depuis
mon arrivée il ne s'est pas écoulé de jour
où mes vœux n'aient rappelé nos intrépides
navigateurs de la Boussole & de l'Astrolabe.
Que de fois, me promenant en idée sur les
mers qui leur restoient à parcourir, j'ai

cherché à reconnoître leurs traces, à les fuivre de rade en rade, à fuppofer des relâches, à mefurer toutes les finuofités de leur marche !

Ah ! lorfqu'à l'inftant de notre féparation au Kamtfchatka, les officiers de nos frégates me ferrèrent triftement dans leurs bras comme un enfant perdu, qui m'eût dit que je devois le premier revoir ma patrie ! qui m'eût dit que plufieurs d'entr'eux n'y reviendroient jamais, & que dans peu je verferois des larmes fur leur fort !

En effet, à peine je jouiffois du fuccès de ma miffion & des embraffemens de ma famille, que le bruit de nos défaftres dans l'archipel des navigateurs, eft venu remplir mon ame d'amertume & d'affliction. Il n'eft plus, ce brave & loyal marin *, l'ami, le compagnon de notre commandant, cet homme que j'aimois & refpectois comme mon père ; il n'eft plus, & ma plume fe refufe à retracer fa fin déplorable ! mais ma

---

* M. le vicomte de Langle.

reconnoiffance fe plaît à répéter que le fouvenir de fes vertus & de fes bontés vivra
éternellement en moi.

ô lecteur, qui que tu fois, pardonne à
ma douleur cet épanchement involontaire !
fi tu as pu connoître celui que je pleure,
tu mêleras tes regrets aux miens ; comme
moi, tu demanderas au ciel, pour notre confolation, pour la gloire de la France, qu'il
nous ramène bientôt & le chef de l'expédition, & ceux de nos courageux argo-
nautes qu'il nous a confervés. Au moment où j'écris, ah ! fi un vent favorable
pouffoit leurs vaiffeaux vers nos côtes....!
puiffe-t-il être exaucé ce vœu de mon
cœur ! puiffe le jour de la publication de
cet ouvrage, être celui de leur arrivée !
dans l'excès de ma joie, je trouverai toutes
les jouiffances de l'amour-propre.

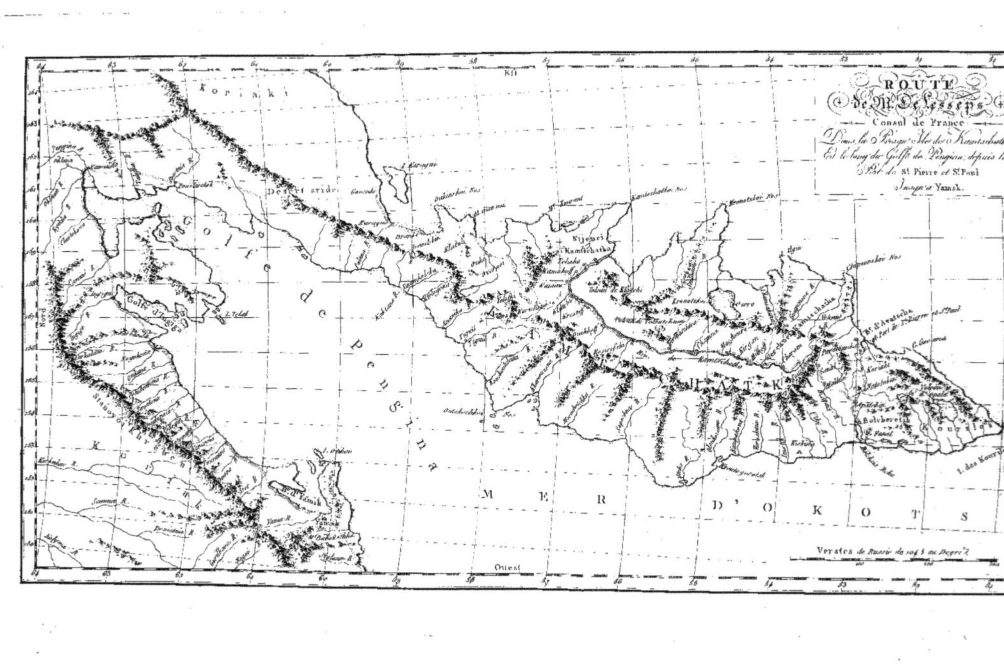

ROUTE
de M. De Lesseps
Consul de France
Dans la Presqu'Isle du Kamtschatka
Et le long du Golfe de Pengina, depuis le
Port de St. Pierre et St. Paul
jusqu'à Yamsk.
Koriaki
Désert aride
Golfe de Pengina
Golfe d'Isigi
MER D'OKOTSK
Ouest
Verstes de Russie de 104½ au Degré²

JOURNAL HISTORIQUE

DU VOYAGE

DE M. DE LESSEPS,

DU KAMTSCHATKA EN FRANCE.

INTRODUCTION.

JE compte à peine mon cinquième luftre, & je fuis arrivé à l'époque la plus mémorable de ma vie. Quelque longue, quelque heureufe que puiffe être la carrière qui me refte à fournir, je doute que je fois deftiné à être jamais employé dans une expédition auffi glorieufe que celle qu'achèvent en ce moment les deux

Partie Ire   A

frégates Françoifes, la Bouffole & l'Aftro-
labe, commandées, la première par M. le
comte de la Péroufe, chef de l'expédition ; & la feconde, par M. le vicomte
de Langle *.

L'intérêt que le bruit de ce voyage
autour du monde a excité, fut trop
marqué & trop univerfel, pour que l'on
n'attende pas aujourd'hui, avec autant
d'impatience que de curiofité, des nouvelles directes de ces illuftres navigateurs,
que leur patrie & l'Europe entière rede-
mandent aux mers qu'ils parcourent.

Qu'il eft flatteur pour moi, après avoir
obtenu de M. le comte de la Péroufe
l'avantage de le fuivre pendant plus de
deux ans, de devoir encore à fon choix
l'honneur d'apporter par terre fes dépêches

---

* Si ma plume étoit digne de ces deux hommes
célèbres, faits pour conduire enfemble une grande
entreprife avec la plus parfaite harmonie, que de
chofes n'aurois-je pas à dire de chacun d'eux !
mais dès long-temps leurs travaux & l'eftime
publique les ont mis au-deffus des éloges.

en France! plus je réfléchis à mon bonheur en recevant cette nouvelle preuve de ſa confiance, plus je ſens ce qu'exigeroit une pareille miſſion, & tout ce qui me manque pour la remplir : mais je ne dois ſans doute attribuer la préférence qui m'eſt accordée, qu'à la néceſſité de choiſir pour ce voyage quelqu'un qui parlât le Ruſſe, & qui eût déjà ſéjourné dans cet empire.

***

Depuis le 6 ſeptembre 1787, les frégates du Roi étoient dans le port d'Avatſcha, ou Saint-Pierre & Saint-Paul *(a)*, à l'extrémité méridionale de la preſqu'île du Kamtſchatka. Le 29, j'eus l'ordre de quitter l'Aſtrolabe; le même jour, M. le comte de la Pérouſe me remit ſes dépêches & ſes inſtructions. Son amitié pour moi ne ſe contenta pas d'avoir pris d'avance les arrangemens les plus tran-

1787,
Septembre.

A Saint-Pierre
& Saint-Paul.

Le 29.
Je quitte les
frégates & re-
çois mes dé-
pêches.

***

(a) Ce port eſt appelé par les Ruſſes *Petro-pavlofskaia-gaven.*

 Voyage

quillifans pour me faire voyager avec fûreté & économie; elle le porta encore à me donner en partant, des confeils vraiment paternels, qui refteront éternel-lement gravés dans mon cœur. M. le vicomte de Langle eut auffi la bonté d'y joindre les fiens qui ne m'ont pas été moins utiles.

Qu'il me foit permis de payer ici le jufte tribut de ma reconnoiffance à ce fidèle compagnon des périls & de la gloire de M. le comte de la Péroufe, & fon émule dans tous les cœurs & dans le mien, pour m'avoir fervi conftamment de père, de confeil & d'ami.

Le foir il me fallut prendre congé de notre commandant & de fon digne col-légue. Qu'on juge de ce que je fouffris lorfque je les reconduifis aux canots qui les attendoient; je ne pus ni parler, ni les quitter; ils m'embrafsèrent tour-à-tour, & mes larmes ne leur prouvèrent que trop la fituation de mon ame. Les officiers, tous mes amis qui étoient à terre, reçurent auffi mes adieux ; tous s'attendrirent fur moi, tous firent des vœux pour ma confervation, & me don-nèrent les confolations & les fecours que l'amitié put leur fuggérer. Mes regrets, en m'en féparant, ne peuvent fe peindre : on m'arracha de leurs bras, & je me retrouvai dans ceux de M. le colonel Kaffloff-Ougrenin, commandant à Okotsk & au Kamtfchatka, à qui M. le comte de la Péroufe m'avoit recommandé, plus comme fon fils, que comme l'officier chargé de fes dépêches.

Ici commencent mes obligations envers ce commandant Ruffe. Je connus dès-lors toute l'aménité de fon caractère, toujours prêt à rendre fervice, & dont j'ai eu depuis tant à me louer *(b)*. Il ménagea

1787, *Septembre.*

A Saint-Pierre & Saint-Paul.

Je refte entre les mains de M. Kaffloff, commandant Ruffe.

(b) Après avoir comblé d'honnêtetés toutes les perfonnes de notre expédition, il avoit encore voulu effayer d'approvifionner nos frégates. Malgré la diffi-culté de fe procurer des bœufs en ce pays, il leur en fournit fept à fes dépens, & jamais il ne fut poffible de lui en faire recevoir le prix ; il regrettoit de n'avoir pu en donner davantage.

A iij

ma fenfibilité avec tout l'art poffible : je le vis s'attrifter avec moi, de l'éloignement des canots que nous fuivîmes long-temps des yeux ; & en me ramenant chez lui, il n'épargna rien pour me diftraire de mes fombres réflexions. Qui voudroit fe rendre compte du vide affreux que j'éprouvai en ce moment, devroit commencer par fe fuppofer à ma place, & laiffé feul fur ces bords prefque inconnus, à quatre mille lieues de ma patrie : quand bien même je n'euffe pas calculé cette énorme diftance, l'afpect aride de ces côtes me préfageoit affez ce que j'aurois à fouffrir dans ma longue & périlleufe route ; mais enfin l'accueil que me firent les habitans, & les honnêtetés fans nombre de M. Kafloff & des autres officiers Ruffes, me rendirent peu-à-peu moins fenfible au départ de mes compatriotes.

Il eut lieu le 30 feptembre au matin ; les deux frégates appareillèrent avec un vent favorable qui nous les fit perdre de vue dans la même matinée, & qui fouffla

1787,
Septembre.
A Saint-Pierre
& Saint-Paul.

Le 30.
Départ des
frégates du
Roi.

pendant plufieurs jours de fuite. On peut croire que je ne les vis pas partir fans faire, pour tous les officiers & les amis que je laiffois à bord, les vœux les plus ardens & les plus fincères; trifte & dernier hommage de ma reconnoiffance & de mon attachement.

M. le comte de la Péroufe m'avoit recommandé de faire diligence; mais en même temps il m'avoit enjoint, ce que mon inclination me prefcrivit auffitôt, de ne quitter fous aucun prétexte M. Kafloff: ce dernier lui avoit promis de me conduire jufqu'à Okotsk, lieu de fa réfidence, où il devoit fe rendre inceffamment. J'avois déjà fenti le bonheur d'avoir été remis en fi bonnes mains, & je n'héfitai pas à m'abandonner aveuglément aux confeils de ce commandant.

Son intention étoit d'aller attendre à Bolcheretsk que le traînage pût s'établir, & nous donnât les facilités néceffaires pour entreprendre le voyage d'Okotsk. La faifon étoit alors trop avancée pour

1787,
Septembre.
A Saint-Pierre
& Saint-Paul.

Impoffibilité
de me rendre
à Okotsk avant
l'établiffement
du traînage.

rifquer de fe mettre en route par terre; & le trajet par mer n'étoit pas moins dangereux; d'ailleurs il ne fe trouvoit aucun bâtiment dans les deux ports Saint-Pierre & Saint-Paul & Bolcheretsk *(c)*.

Les affaires que M. Kafloff eut à terminer, & les préparatifs de notre départ nous retinrent encore fix jours; ce qui me permit de m'affurer que les frégates du Roi n'étoient plus dans le cas de rentrer. Je profitai de ce retard pour commencer mes obfervations, & me procurer des renfeignemens un peu détaillés fur tout ce qui m'environnoit. Je m'attachai fur-tout à prendre une jufte idée de la baie d'Avatfcha & du port de Saint - Pierre & Saint - Paul qu'elle renferme.

Le capitaine Cook a fait de cette baie une defcription fort étendue, dont nous

(c) Il paroît que pendant l'été la navigation eft affez fûre, & que c'eft la feule voie dont profitent les voyageurs pour fe rendre à leur deftination.

avons reconnu l'exactitude. Il s'y eſt fait depuis quelques changemens, qui, dit-on, doivent être ſuivis de beaucoup d'autres, ſur-tout quant au port Saint-Pierre & Saint-Paul. En effet, il ſeroit très-poſſible que les voyageurs qui y aborderont un jour après nous, croyant ne trouver que cinq à ſix maiſons, ſoient ſurpris d'y découvrir une ville entière, bâtie en bois, mais paſſablement fortifiée.

Tel eſt du moins le projet, qui, à ce que j'ai ſu indirectement, a été donné par M. Kaſloff ſon auteur, dont les vues ſont auſſi grandes qu'utiles au bien du ſervice de ſa ſouveraine. L'exécution de ce plan ne contribuera pas peu à augmenter la célébrité de ce port, déjà renommé par les vaiſſeaux étrangers qui y abordent, & que le commerce pourroit y rappeler *(d)*.

1787,
Octobre.

A Saint-Pierre
& Saint-Paul.

Détail ſur ce port & ſur un projet qui y eſt relatif.

(d) A en juger même par ce qu'en ont rapporté les premiers navigateurs, il paroît qu'il n'y a point de ports plus commodes dans cette partie de l'Aſie; de ſorte qu'il ſeroit à deſirer qu'il devînt

Pour bien faifir les difpofitions de ce projet & en apprécier l'utilité, il ne faut que fe repréfenter l'étendue & la forme de la baie d'Avatfcha, & la pofition du port en queftion. Nous en avons déjà

l'entrepôt général du commerce de ces contrées. Cela feroit d'autant plus avantageux, que les vaiffeaux qui fréquentent les autres ports, tels que ceux de Bolcheretsk, Nijenei-Kamtfchatka, Tiguil, Ingiga, & même Okotsk, font ordinairement trop heureux quand ils n'y font pas naufrage ; c'eft pour cela que l'Impératrice a défendu expreffément toute navigation paffé le 26 feptembre.

Mais ce que j'ai appris en même temps vient encore mieux à l'appui de ce que j'avance, & a pu faire naître l'idée de ces nouvelles conf-tructions.

Un bâtiment Anglois, appartenant à M. Lanz négociant à Macao, vint l'année dernière 1786 mouiller au port de Saint-Pierre & Saint-Paul ; le capitaine Peters, commandant ce navire, fit aux Ruffes des propofitions de commerce, dont voici les détails. Par fon traité avec un marchand Ruffe nommé *Schelikhoff*, il s'engageoit à faire le com-merce dans cette partie des états de l'Impératrice, & demandoit des marchandifes pour la valeur de quatre-vingt mille roubles. Il eft probable que ces marchandifes n'euffent confifté qu'en pelleteries que

pluſieurs deſcriptions fidèles *(e)*, qui font
dans les mains de tout le monde ; ainſi
je me bornerai à ne parler que de ce

1787,
Octobre.

A Saint-Pierre
& Saint-Paul.

les Anglois comptoient vendre en Chine , d'où ils
auroient rapporté en échange des étoffes & autres
objets convenables aux Ruſſes. Le négociant Schelikhoff ſe rendit lui - même à Saint - Péterſbourg,
pour y ſolliciter l'agrément de ſa ſouveraine qu'il
obtint ; mais pendant qu'il travailloit à ſe mettre en
état de remplir les clauſes de ſon traité, il fut
informé que le navire Anglois avoit péri ſur les
côtes de l'île de Cuivre, en revenant au Kamtſchatka,
de la partie nord - oueſt de l'Amérique ; il y avoit
été , ſelon toute apparence, prendre des fourrures
pour commencer ſa cargaiſon qu'il venoit compléter
au port Saint - Pierre & Saint - Paul. On ſut que
deux hommes ſeulement de ſon équipage , un
Portugais & un Nègre du Bengale s'étoient ſauvés,
& avoient paſſé l'hiver dans l'île de Cuivre, d'où
un vaiſſeau Ruſſe les avoit tranſportés à Nijenei-
Kamtſchatka : ils nous ont joint à Bolcheretsk, &
l'intention de M. Kaſloff eſt de les envoyer à la
ſaiſon prochaine à Saint-Péterſbourg.

(e) M. le comte de la Pérouſe en a détaillé le
plan avec autant de ſoin que tous ceux qui l'ont
devancé : on le verra dans la relation de ſon voyage,
qui ſera pour le lecteur curieux une nouvelle ſource
d'inſtruction & de lumières.

1787,
Octobre.

A Saint-Pierre
& Saint-Paul.

qui peut répandre le jour nécessaire sur les idées de M. Kasloff.

On sait que le port de Saint-Pierre & Saint-Paul est situé au nord de l'entrée de la baie d'Avatscha, & se trouve fermé au sud par une langue de terre fort étroite, sur laquelle est bâti l'ostrog *(f)* ou village Kamtschadale. Sur une élévation à l'est dans le fond du port, est placée la maison du commandant *(g)*, chez qui logea M. Kasloff pendant son séjour. Auprès de cette maison, presque sur la même ligne, on voit celle d'un caporal de la garnison, & plus loin en tirant vers le nord, celle du sergent, lesquels sont,

____

(f) Le mot *ostrog* signifie proprement une enceinte de construction palissadée. On pourroit, je crois, tirer son étymologie des retranchemens que les Russes construisoient à la hâte, pour se mettre à couvert des incursions des indigènes, qui sans doute souffroient impatiemment qu'on envahît leur pays. Le nom d'ostrog est donné à présent à presque tous les villages de ces contrées.

(g) Ce commandant nommé *Khabaroff* étoit alors un *préporchik,* ou enseigne.

après le commandant, les seules personnes un peu distinguées qu'on puisse citer
en cette place, si tant est qu'elle mérite
ce nom. Vis-à-vis l'entrée du port, sur le
penchant de la hauteur, d'où l'on découvre un lac d'une étendue considérable,
on rencontre aujourd'hui les ruines de
l'hôpital, dont il est parlé dans le voyage
du capitaine Cook *(h)*. Au-dessous de ces

1787,
Octobre.

A Saint-Pierre
& Saint-Paul.

(h) C'est à quelque distance de cet endroit que
fut enterré au pied d'un arbre le capitaine Clerke.
L'inscription que les Anglois ont laissée sur sa tombe,
étoit sur bois & susceptible de s'effacer. M. le comte
de la Pérouse voulant que le nom de ce navigateur
parvînt à l'immortalité, sans rien craindre des in-
jures du temps, fit remplacer cette inscription par
une autre sur cuivre.

Il n'est pas inutile de rapporter ici que notre commandant s'informa en même temps de l'endroit où
avoit été inhumé le fameux astronome François,
de l'Isle de la Croyère. Il pria M. Kasloff de donner des ordres pour qu'on élevât en ce lieu un
tombeau, & qu'on y mît une épitaphe qu'il laissa
gravée sur cuivre, contenant l'éloge & les détails
de la mort de notre compatriote. Ses intentions
furent exécutées sous mes yeux, après le départ des
frégates Françoises.

ruines, plus près du rivage, on a conftruit un bâtiment qui fert de magafin ou d'efpèce d'arfenal à la garnifon, & qui eft conftamment gardé par un factionnaire. Voilà en abrégé l'état dans lequel nous avons trouvé le port de Saint-Pierre & Saint-Paul.

Mais par les augmentations propofées, il eft évident qu'il deviendroit une place intéreffante. L'entrée du port feroit fermée ou au moins flanquée par les fortifications; elles ferviroient en outre à couvrir de ce côté la ville projetée, qui feroit bâtie, en grande partie, fur l'emplacement de l'ancien hôpital, c'eft-à-dire, entre le port & le lac qu'on découvre fur la hauteur. On poferoit pareillement une batterie fur la langue de terre qui fépare ce lac de la baie d'Avatfcha, afin de protéger cette autre partie de la ville. Enfin, fuivant le même projet, l'entrée de cette baie feroit défendue par une batterie affez forte fur l'endroit le moins élevé de fa rive gauche; & les vaiffeaux entrant dans la baie ne pourroient fe fouftraire à la portée du canon, attendu les brifans qui fe rencontrent le long de la rive droite. On y voit aujourd'hui fur la pointe d'un rocher, une batterie de fix ou huit canons, qui a fait feu pour faluer nos frégates.

Je n'ai pas befoin de dire qu'il entreroit encore dans ce plan d'augmenter la garnifon, qui n'eft actuellement que de quarante foldats ou Cofaques. Ils vivent & font habillés comme les Kamtfchadales; feulement ils portent un fabre, un fufil & la giberne lorfqu'ils font de fervice; fans cela, on ne pourroit les diftinguer des indigènes qu'à leurs traits & à leur idiome.

Quant au village Kamtfchadale, qui fait une grande partie de la place, telle qu'elle eft en ce moment, & fe trouve, ainfi que je l'ai dit, fur la langue de terre qui ferme l'entrée du port, il n'eft compofé que d'environ trente à quarante habitations, tant d'hiver que d'été, appelées

1787,
Octobre.

A Saint-Pierre
& Saint-Paul.

1787,
Octobre.
A Saint-Pierre
& Saint-Paul.

ifbas & *balagans* ; & l'on ne compte dans toute la place, en comprenant même la garnifon, que cent habitans au plus, tant hommes, que femmes & enfans. Par le projet ci-deffus, on voudroit en porter le nombre à plus de quatre cents.

A ces détails fur le port de Saint-Pierre & Saint-Paul, & fur les ouvrages dont on doit s'occuper pour fon embelliffe-ment, j'ajouterai quelques notes que j'y pris fur la nature du fol, le climat & les rivières.

Nature du fol. Les bords de la baie d'Avatfcha m'ont paru hériffés de hautes montagnes, dont quelques-unes font couvertes de bois, & d'autres volcaniques *(i)*. Les vallées

(i) Il fe trouve à quinze ou vingt verftes du port un volcan, que les naturaliftes de l'expédition de M. le comte de la Péroufe ont vifité, & dont il fera parlé dans le voyage de ce commandant. Les gens du pays m'ont dit qu'il en fort de la fumée de temps en temps; mais que l'éruption, qui autrefois étoit très-fréquente, n'avoit pas eu lieu depuis plufieurs années.

préfentent

préfentent une végétation qui m'a étonné. L'herbe y étoit prefque de la hauteur d'un homme ; & les fleurs champêtres, telles que des rofes fauvages & autres qui s'y trouvoient mêlées, répandoient au loin l'exhalaifon la plus fuave.

1787, *Octobre.* A Saint-Pierre & Saint-Paul.

Il tombe ordinairement de grandes pluies pendant le printemps & l'automne, & les coups de vent fe font fréquemment fentir dans cette dernière faifon & dans l'hiver ; celui-ci eft quelquefois pluvieux, mais, malgré fa longueur, on affure qu'il n'eft pas fi extraordinairement rigoureux, du moins dans cette partie méridionale du Kamtfchatka *(k)*. La neige commence

Climat.

(k) Le froid exceffif dont fe plaignent les Anglois, peut n'être pas fans exemple, & je ne prétends point les contredire ; mais ce qui prouveroit que la rigueur du climat n'eft pourtant pas fi cruelle, c'eft que les habitans qu'ils nous repréfentent n'ofant fortir de tout l'hiver de leurs habitations fouterraines ou *yourtes*, dans la crainte d'être gelés, n'en conftruifent plus aujourd'hui dans cette partie méridionale de la prefqu'île, ainfi que j'aurai occafion de le dire. Je conviendrai cependant que

Partie Ire B

à prendre pied en octobre, & le dégel n'a lieu qu'en avril ou mai; mais en juillet même, on en voit tomber sur le sommet des hautes montagnes, & sur-tout des volcans. L'été est assez beau; les plus fortes chaleurs ne durent guère que le temps du solstice. Le tonnerre s'y fait rarement entendre, & ne fait jamais de ravages. Telle est la température qui règne à peu-près dans tous les environs de cette partie de la presqu'île.

Deux rivières ont leur embouchure dans la baie d'Avatscha, savoir, celle qui donne le nom à la baie & celle de Para-tounka. Elles font l'une & l'autre très-

---

le froid que j'y ai éprouvé pendant mon séjour, & qui peut se comparer à celui de l'hiver de 1779, m'a paru le même que celui qui se fait sentir à Saint-Pétersbourg : mais ce que les Anglois ont eu grande raison de trouver extraordinaire, ce sont les terribles ouragans, qui amènent des bouffées de neige si épaisse & si abondante, qu'il est alors impossible de sortir ni d'avancer, si l'on est en route; cela m'est arrivé plus d'une fois, comme on le verra dans la suite.

poiſſonneuſes; on y trouve de plus toutes ſortes d'oiſeaux aquatiques, & ſi ſauvages qu'il eſt impoſſible de les approcher même à cinquante pas. La navigation dans ces rivières eſt impraticable au 26 novembre, attendu qu'elles ſont toujours priſes à cette époque; & dans le fort de l'hiver, la baie même eſt couverte de glaçons, que les vents du large empêchent de ſortir; mais dès que ceux de terre viennent à ſouffler, elle s'en dégage entièrement. Le port de Saint‑Pierre & Saint‑Paul ſe trouve pour l'ordinaire fermé par les glaces dans le mois de janvier.

Je devrois ſans doute parler ici des mœurs & du coſtume des Kamtſchadales, faire connoître leurs maiſons ou plutôt leurs cabanes qu'ils nomment *iſbas* ou *balagans;* mais je remets à traiter ces objets à mon arrivée à Bolcheretsk, où j'aurai, j'eſpère, plus de loiſir & plus de moyens pour les décrire en détail.

Nous partîmes de Saint-Pierre & Saint-

1787, *Octobre.* A Saint-Pierre & Saint-Paul.

Le 7.

Paul le 7 octobre, M. Kasloff *(l)*, M.^{rs}
Schmaleff *(m)*, Vorokhoff *(n)*, Ivaschkin *(o)*, moi & la suite du commandant,

---

(l) M. Kasloff-Ougrenin est, comme je l'ai déjà
dit, commandant à Okotsk & au Kamtschatka; il
est subordonné au gouverneur général résidant à
Irkoutsk.

(m) M. Schmaleff est capitaine-inspecteur pour les
Kamtschadales, ou en Russe, *capitan-ispravnik* dans
le département du Kamtschatka; c'est le même dont
les Anglois eurent tant à se louer, & les bons
offices qu'il nous a rendus ne sauroient également
se compter.

(n) M. Vorokhoff, secrétaire du commandant; il
est employé dans les affaires civiles, & a rang d'officier.

(o) M. Ivaschkin est cet infortuné gentilhomme
dont parlent les Anglois, & qui mérite à tous égards
l'éloge qu'ils en font. Le seul récit de ses malheurs
suffit pour inspirer de la compassion à tout lecteur;
mais il faut l'avoir vu & suivi, pour juger du degré
d'intérêt qu'on doit prendre à son sort.

Il n'avoit pas encore vingt ans que l'impératrice
Élisabeth le fit sergent de sa garde de Préobra-
jenskoï. Il jouissoit déjà d'un certain crédit à la cour,
& le libre accès que sa place lui donnoit auprès de
sa souveraine, ouvroit à son ambition la plus brillante
carrière, lorsque tout-à-coup non-seulement il fut

compofée de quatre fergens ou bas-offi-
ciers & d'un pareil nombre de foldats.

difgracié, & fe vit enlever toutes les efpérances flat-
teufes dont il avoit pu fe bercer, mais encore il
eut la douleur d'être traité comme les plus grands
criminels; il reçut le knout, dernier fupplice & le
plus infamant en Ruffie, eut les narines arrachées,
& fut en outre exilé pour la vie au Kamtfchatka.

On fait, par ce qu'en ont rapporté les Anglois,
tout ce qu'il a eu à fouffrir pendant plus de vingt
ans de la rigueur extrême dont on ufa à fon égard;
on la porta jufqu'à lui refufer les premiers alimens.
Il eût péri fans doute de faim & de mifère, ou
auroit fuccombé à fon défefpoir, fi la force de fon
ame & celle de fon tempérament ne l'euffent fou-
tenu. La néceffité de pourvoir lui-même à fa fubfiftance le força, non fans dégoût, à fe naturalifer
parmi les Kamtfchadales, & à adopter entièrement
leur manière de vivre; il eft vêtu comme eux, &
trouve dans fa chaffe & dans fa pêche de quoi
fournir à fes befoins affez abondamment pour qu'en
vendant fon fuperflu, il obtienne encore quelques
adouciffemens à fa trifte exiftence. Il réfide à l'oftrog
de Verckneï-Kamtfchatka, ou Kamtfchatka fupérieur. On ignore parmi les Ruffes, la caufe d'une
punition fi févère; on eft tenté de l'attribuer à un
mal-entendu, ou à quelques paroles indifcrètes, car
on ne peut fe réfoudre à lui fuppofer un crime. Il
paroîtroit qu'on eft revenu de la prétendue énormité

B iij

L'officier-commandant du port, probablement par honneur pour M. Kafloff
fon fupérieur, fe joignit à notre petite

de fon délit; on a voulu depuis peu changer le lieu
de fon exil, & on lui a propofé d'aller demeurer
à Yakoutsk, cette ville offrant plus de reffources,
tant pour l'utilité que pour l'agrément : mais ce malheureux profcrit, qui peut avoir aujourd'hui foixante
à foixante-cinq ans, a refufé de profiter de cette
permiffion, ne voulant pas, a-t-il dit, aller mettre
en fpeclacle les marques hideufes de fon déshonneur, ni avoir à rougir une feconde fois du fupplice affreux qu'il a fubi. Il a mieux aimé continuer
de vivre avec fes Kamtfchadales, n'ayant plus à
defirer que de paffer paifiblement le peu de jours
qui lui reftent au milieu de ceux qui connoiffent fon
honnêteté, & de pouvoir emporter en mourant,
l'eftime & l'amitié générales dont il jouit à fi
jufte titre.

M. le comte de la Péroufe, d'après la relation
des Anglois, témoigna le defir de voir cet infortuné, qui lui infpira, dès le premier moment, le
plus vif intérêt; il le reçut à fon bord & à fa table :
l'humanité de notre commandant ne fe borna pas à
compatir à fes maux; elle s'occupa encore des
moyens de les adoucir, en lui laiffant tout ce qui
pouvoit lui rappeler notre féjour, & lui prouver que
les Anglois ne font pas les feuls étrangers que fon
trifte fort ait intéreffés.

troupe , & nous nous embarquames fur des baidars *(p)* pour traverfer la baie & nous rendre à Paratounka, où nous devions trouver des chevaux pour continuer notre route.

Nous arrivames en cinq ou fix heures à cet oftrog, où demeure le prêtre *(q)* ou curé du diftrict dont l'églife eft encore en ce lieu *(r):* fa maifon nous fervit de gîte; & nous y fumes reçus à merveille; mais à peine y étions-nous entrés, que la pluie tomba en fi grande abondance

1787 ,
Octobre.

Arrivée &
féjour à Para-
tounka.

(p) Les *baidars* font des canots faits à peu-près comme les nôtres, fi ce n'eft que les bordages font faits de planches larges de quatre, cinq à fix pouces, & qu'ils font joints les uns aux autres avec des liens de branches de faule ou de cordes; on les calfate avec de la mouffe. Les baidars font les feuls bâtimens qui fervent à la navigation pour fe rendre aux îles Kouriles; ils vont ordinairement à la rame, on peut cependant y adapter une voile.

(q) Il fe nomme *Féodor Verefchaguin;* il a fuccédé à fon frère aîné Romanoff-Verefchaguin, qui eut tant de bons procédés pour le capitaine Clerke, & que j'ai trouvé depuis à Bolcheretsk.

(r) Son prédéceffeur avoit annoncé aux Anglois,

1787,
Octobre.
A Paratounka.

qu'elle nous força de séjourner plus long-temps que nous ne voulions.

Je saisis avec empressement ce rapide intervalle pour décrire ici quelques-uns des objets que j'ai remis à traiter à mon arrivée à Bolcheretsk, où j'en trouverai d'autres peut-être qui ne seront pas moins intéressans.

Description
de cet ostrog.

L'ostrog de Paratounka est situé au bord de la rivière de ce nom, à deux lieues environ de son embouchure *(ſ)*. Ce village n'est guère plus peuplé que celui

___

que cette paroisse devoit être incessamment transférée à l'ostrog de Saint-Pierre & Saint-Paul ; mais ce déplacement ne doit s'effectuer qu'à l'exécution du projet relatif au port. Il est bon d'observer ici que les Anglois ont omis de dire qu'il existoit autrefois une église à Saint-Pierre & Saint-Paul, & qu'on en retrouve l'emplacement indiqué par une espèce de tombe qui en faisoit partie.

(ſ) Cette rivière se jette, comme je l'ai dit, dans la baie d'Avatscha : les bancs qui s'y trouvent à sec, à basse mer, rendent son entrée impraticable ; elle est même très-difficile lors de la pleine mer.

de Saint-Pierre & Saint-Paul. La petite vérole a fait, en cet endroit principalement, des ravages effroyables. Le nombre de balagans & d'ifbas que j'y ai vus, m'a également paru à peu-près le même qu'à Petropavlofska *(t)*.

Les Kamtfchadales logent l'été dans les premiers, & fe retirent l'hiver dans les derniers. Comme on veut les amener infenfiblement à fe rapprocher davantage des payfans Ruffes, & à fe loger d'une manière plus faine, il a été défendu dans cette partie méridionale du Kamtfchatka, de conftruire déformais des yourtes ou demeures fouterraines; elles y font toutes

1787.
Octobre.
A Paratounka.

Habitations
dés Kamtfcha-
dales.

(t) En m'arrêtant devant ces maifons Kamtfchadales, je me fuis peint quelquefois à leur afpect, la furprife dédaigneufe de nos fybarites François, les uns fi fiers de leurs vaftes hôtels, les autres fi jaloux de leurs petits appartemens fi jolis, fi décorés, où l'art des diftributions ne le cède qu'au luxe recherché des meubles; je croyois les entendre s'écrier : Comment des humains peuvent-ils habiter ces miférables cahutes ! cependant un Kamtfchadale ne fe trouve point malheureux fous

1787.
Octobre.

A Paratounka.

Description
des balagans.

détruites à préfent *(u)*, & l'on n'en trouve plus que quelques veftiges dont l'intérieur eft comblé, & qui m'ont repréfenté au dehors le faîte élargi de nos glacières.

Les balagans s'élèvent au-deffus du fol fur plufieurs poteaux plantés à d'égales diftances, & de la hauteur de douze à treize pieds. Cette agrefte colonnade foutient en l'air une plate-forme faite de foliveaux emboîtés les uns dans les autres, & revêtus de terre glaifeufe : cette plate-forme fert de plancher à tout l'édifice, qui confifte en un comble de forme conique, couvert d'une forte de chaume ou d'herbe féchée, étendue fur de longues

---

ces cabanes dont l'architecture paroît remonter au premier âge du monde ; il y vit tranquille avec fa famille ; il jouit au moins du bonheur de connoître peu de privations, par-là même qu'il fe crée moins de befoins, & qu'il n'a point fous les yeux d'objets de comparaifon.

(u) J'en ai revues quelque temps après dans la partie feptentrionale, & j'ai pu en prendre une idée plus exacte que j'ai eu foin de noter.

perches qui ſe réuniſſent au ſommet , &
qui portent ſur pluſieurs traverſes. Ce
comble eſt à la fois le premier & le dernier
étage ; il forme tout l'appartement, c'eſt-à-
dire une chambre : un trou pratiqué dans
le toit ouvre un paſſage à la fumée , lorſque
le feu s'allume pour préparer les alimens ;
cette cuiſine s'établit alors au milieu de
la chambre où ils mangent, ſe couchent
& dorment péle-mêle ſans le moindre
dégoût ni aucun ſcrupule. Dans ces appartemens, il n'eſt pas queſtion de fenêtres ; on n'y trouve qu'une porte ſi baſſe
& ſi étroite, qu'elle donne à peine entrée
au jour. L'eſcalier eſt digne de la maiſon ;
c'eſt une poutre, ou plutôt un arbre en-
taillé très-groſſièrement, dont un bout
poſe à terre & l'autre eſt élevé à la hauteur du plancher ; il arrive à l'angle de
la porte, au niveau d'une eſpèce de ga-
lerie découverte qui ſe trouve en avant :
cet arbre a conſervé ſa rondeur, & préſente ſur un côté de ſa ſuperficie ce que
je ne ſaurois appeler des marches, vu

1787.
Octobre.
A Paratounka.

qu'elles font fi incommodes que j'ai penfé plus d'une fois m'y rompre le cou. En effet lorfque cette maudite échelle vient à tourner fous les pieds de ceux qui n'y font pas habitués, il leur eft impoffible de garder l'équilibre; il faut qu'ils tombent à terre, & ils rifquent plus ou moins, en raifon de la hauteur. Veut-on annoncer au dehors que perfonne n'eft au logis? on ne prend d'autre foin que de retourner l'efcalier, les marches en deffous.

Un motif de convenance peut avoir donné à ces peuples l'idée de fe conftruire ces demeures bizarres; leur genre de vie les leur rend néceffaires & commodes. Leur principal aliment étant le poiffon fec, qui fait auffi la nourriture de leurs chiens, il leur faut pour le faire fécher, ainfi que leurs autres provifions pour l'hiver, un emplacement à l'abri du foleil, & cependant où l'air entre de toutes parts; ils le trouvent fous cette colonnade ou veftibule ruftique, qui fait la partie inférieure des balagans; c'eft - là qu'ils pendent leur poiffon au plancher, ou à des endroits auffi élevés, pour le fouftraire à la voracité des chiens, qui font conftam- ment affamés pour le bien du fervice. Ces chiens fervent au traînage chez les Kamtfchadales; les meilleurs *(x)*, c'eft-à- dire, les plus méchans, n'ont d'autre écurie que cette manière de portique dont je viens de parler; ils y font attachés aux colonnes ou poteaux qui fervent de fup- ports au bâtiment. Voilà, ce me femble, tout ce qui peut rendre utile la forme de conftruction qu'ils ont adoptée pour leurs balagans ou habitations d'été.

Celles d'hiver font moins fingulières; fi elles étoient auffi grandes, elles ref- fembleroient parfaitement aux maifons des payfans Ruffes : celles-ci ont été tant de fois décrites, que tout le monde peut connoître à peu-près comment elles font

1787,
Octobre.
A Paratounka.

Defcription
des ifbas.

(x) Comme je ferai inceffamment dans le cas d'en effayer, je me réferve à les faire connoître à ce moment.

1787,
Octobre.
A Paratounka.

bâties & diftribuées. On fait que ces ifbas font tous en bois, c'eft-à-dire, que ce font de longs arbres couchés horizontalement les uns fur les autres qui en font les murs, dont les vides font remplis avec de la mouffe. Leur toit a la pente de nos chaumières; il eft revêtu d'une herbe groffière ou de joncs, & fouvent dè planches. Deux chambres partagent l'intérieur, & un feul poêle commun par fa pofition, chauffe ces deux pièces; il fert auffi de cheminée pour la cuifine. Aux deux côtés de la plus grande de ces chambres, font placés à demeure, de larges bancs, & parfois un méchant grabat fait de planches & couvert de peau d'ours : c'eft-là le lit des chefs de la famille; & les femmes qui, dans ces contrées fauvages, font efclaves de leurs maris & font les plus gros ouvrages, fe trouvent trop heureufes quand elles peuvent s'y repofer.

Outre ces bancs & ce lit, on y voit encore une table & grand nombre d'images de différens faints, dont les Kamtfchadales

font auffi jaloux de garnir leurs chambres,
que la plupart de nos célèbres connoiffeurs le font d'étaler leurs magnifiques
tableaux.

1787,
Octobre.
A Paratounka.

On peut juger que les fenêtres n'en
font ni larges ni hautes: les carreaux font
de peaux de faumons ou de veffies de
différens animaux, ou de gorges de loups
marins préparées, quelquefois même de
feuilles de talc, ce qui eft très-rare &
annonce une forte d'opulence. Ces peaux
de poiffons font tellement raclées & ap-
prêtées, qu'elles font diaphanes, & donnent un peu de jour à la chambre *(y)*;
mais il s'en faut qu'on puiffe au travers
diftinguer les objets. Les feuilles de talc
font plus claires & approchent davantage
du verre; cependant elles ne font point
affez tranfparentes pour que de dehors
on puiffe voir ce qui fe paffe en dedans:
on doit fentir que ce n'eft point un

(y) Cela produit le même effet que le papier
huilé des fenêtres de nos manufactures.

inconvénient pour des maisons aussi basses.

Chaque ostrog Kamtschadale est présidé par un chef, appelé *toyon* ; cette espèce de magistrat est choisi parmi les naturels du pays, à la pluralité des voix: les Russes leur conservent ce privilége, mais ils les obligent à faire approuver l'élection par la juridiction de la province. Ce toyon n'est donc lui-même qu'un paysan, comme ceux qu'il juge & préside; il n'a aucune marque distinctive, & fait les mêmes ouvrages que ses subalternes; il est spécialement chargé de veiller à la police & à l'exécution des ordres du gouvernement. Il a de plus, sous les siens, un autre Kamtschadale à son choix, pour l'aider ou le suppléer dans l'exercice de ses fonctions. Ce vice-toyon s'appelle *yesaoul*, titre Cosaque que les Kamtschadales ont adopté depuis l'arrivée des Cosaques dans leur péninsule, & qui, chez ces derniers, signifie second chef de leur bande, ou de leur horde. Il faut

ajouter

ajouter que lorfque la conduite de ces chefs eſt reconnue vicieuſe, ou provoque les plaintes de leurs inférieurs, les officiers Ruſſes prépoſés pour les recevoir, ou les autres tribunaux établis par le gouvernement, démettent auſſitôt ces toyons de leurs charges , & en nomment d'autres plus agréables aux Kamtſchadales qui ont le droit de les propoſer.

La pluie ayant continué, nous ne pûmes encore nous remettre en route ; mais ma curioſité me porta à prendre un moment dans la journée pour me promener dans l'oſtrog de Paratounka, & pour viſiter un peu ſes environs.

Mes pas ſe tournèrent d'abord vers l'égliſe, que je trouvai bâtie en bois, & décorée dans le goût de celles des villages Ruſſes ; j'y remarquai les armes du capitaine Clerke, peintes par M. Webber, & l'inſcription angloiſe ſur la mort de ce digne ſucceſſeur du capitaine Cook ; elle indique auſſi le lieu de ſa ſépulture à Saint-Pierre & Saint-Paul.

Partie I.ᵉ   C

Le 8.

Notes ſur l'égliſe & les environs de Paratounka.

Pendant le séjour des frégates Françoises dans ce port, j'étois venu une fois à Paratounka, dans une partie de chasse avec M. le vicomte de Langle; à notre retour, il me parla de plusieurs autres objets intéressans qu'il avoit observés dans cette église, lesquels m'avoient absolument échappés. C'étoient, autant que je crois m'en rappeler, diverses offrandes qu'y avoient déposées, me dit-il, quelques anciens navigateurs naufragés. Je m'étois bien promis de les examiner à ma seconde tournée dans cette paroisse; mais soit que ma mémoire m'ait mal servi, ou que j'aie mis dans cette recherche trop de précipitation, n'ayant eu que peu de temps à y donner, je ne pus rien découvrir.

Le village est environné d'un bois; je le traversai en côtoyant la rivière, & je parvins à découvrir une plaine très-vaste, laquelle s'étend au nord & à l'est jusqu'aux montagnes de Pétropavlofska. Cette chaîne est terminée au sud & à l'ouest par celle dont le mont de Paratounka fait partie, & qui n'est éloignée que de cinq à six verstes *(z)* de l'ostrog ou village de ce nom. On trouve fréquemment sur les bords des rivières qui serpentent dans cette plaine, des traces récentes des ours qui y descendent pour prendre & manger le poisson dont elles abondent. Les habitans assurent en avoir vu quelquefois jusqu'à quinze & dix-huit rassemblés sur ces rivages; aussi sont-ils certains, lorsqu'ils vont les chasser, d'en rapporter, dans l'espace de vingt-quatre heures, au moins un ou deux. J'aurai occasion de parler bientôt de leurs chasses & de leurs armes.

Nous quittâmes Paratounka, & reprîmes notre route; une vingtaine de chevaux suffit pour nous & notre bagage qui n'étoit pas considérable, M. Kasloff ayant eu la précaution d'en envoyer une grande partie par eau jusqu'à l'ostrog de Koriaki.

1787,
Octobre.
A Paratounka.

Le 9.
Départ de
Paratounka.

(z) La *verste* est actuellement de cinq cents fagènes ou toises.

La rivière d'Avatſcha ne remonte & n'eſt navigable que juſqu'à cet oſtrog, encore eſt-on obligé de faire uſage de petits bateaux appelés *batts*. Les baidars ne ſervant que pour traverſer la baie d'Avatſcha, & ne pouvant aller que juſqu'à l'embouchure de la rivière de ce nom, ils y tranſbordent leurs chargemens ſur ces batts ou pirogues que le peu de profondeur & la rapidité de la rivière forcent de conduire avec des perches. C'eſt ainſi que nos effets arrivèrent à Koriaki.

Pour nous, après avoir traverſé à gué la rivière de Paratounka, & en avoir côtoyé quelques bras, nous les laiſſâmes, pour prendre des chemins boiſés & moins plats, mais plus faciles; nous voyageâmes preſque toujours dans des vallons, & nous n'eûmes que deux montagnes à gravir. Nos chevaux, malgré leur charge, firent ce trajet fort leſtement, enfin nous n'eûmes pas un inſtant, dans toute notre marche, à nous plaindre du temps; il fut ſi beau, que je commençois à croire qu'on m'avoit peut-être exagéré la rigueur du climat : mais peu de temps après, l'expérience ne me confirma que trop ce qu'on m'avoit dit, & dans la fuite de mon voyage, j'eus tout lieu de m'accoutumer aux frimats les plus pénétrans ; trop heureux, lorfqu'au milieu des glaces & des neiges, je n'eus pas encore à lutter contre la violence des tourbillons & des tempêtes.

Nous mîmes environ fix à fept heures pour nous rendre à l'oftrog de Koriaki, éloigné de celui de Paratounka, fuivant que j'ai pu en juger, de trente - huit à quarante verftes. A peine arrivés , il fallut courir nous réfugier dans la maifon du toyon, pour nous mettre à couvert de la pluie ; celui-ci céda fon ifba à M. Kafloff, & nous y paffâmes la nuit.

L'oftrog de Koriaki eft fitué au milieu d'un bois taillis, & fur le bord de la rivière d'Avatfcha, qui fe rétrécit beaucoup en cet endroit ; cinq ou fix ifbas & le double ou le triple au plus de balagans, compofent ce village qui reffemble à

1787 ,
Octobre.

Arrivée à
Koriaki.

Defcription
de cet oftrog.

celui de Paratounka, fi ce n'eft qu'il eft moins grand , & qu'il n'a point de paroiſſe. J'obſerverai qu'en général les oſtrogs auſſi peu conſidérables n'ont pas d'égliſe.

Le lendemain nous remontâmes à cheval & prîmes la route de Natchikin, autre oſtrog ſur la route de Bolcheretsk ; nous devions nous arrêter quelques jours dans ſes environs, afin de profiter des bains que M. Kaſloff y a fait conſtruire à ſes frais, pour l'utilité & l'agrément de tous les habitans, ſur des ſources chaudes qu'on y rencontre, & que je ne tarderai pas à faire connoître. Le chemin de Koriaki à Natchikin eſt aſſez commode, & nous traverſâmes, ſans difficultés, tous les petits ruiſſeaux ou ſources qui deſcendent des montagnes au pied deſquelles nous paſsâmes. Aux trois quarts du chemin, nous trouvâmes la Bolchaïareka *(a)* ; elle me parut, d'après ſa largeur

---

(a) Nom qui ſignifie en Ruſſe, *grande rivière.*

d'environ cinq à six toises en ce lieu, se prolonger beaucoup dans l'est nord-est ; nous la côtoyâmes pendant quelque temps, jusqu'à ce que nous vîmes une petite montagne qu'il nous fallut franchir en approchant du village. La pluie qui tomboit très-fort lorsque nous étions partis de Koriaki, avoit cessé peu d'instans après ; mais le vent ayant passé au nord-ouest, le ciel devint très-chargé, & nous eûmes de la neige en abondance ; elle nous prit à plus des deux tiers de notre route, & dura jusqu'à notre arrivée. J'eus le temps de remarquer que la neige couvroit déjà les montagnes, même les moins hautes, sur lesquelles elle décrivoit une ligne égale à une certaine élévation, & qu'au-dessous elle n'avoit point encore pu prendre pied. Nous passâmes à gué la Bolchaïa-reka, & nous trouvâmes à l'autre bord l'ostrog de Natchikin, où je comptai six ou sept isbas, & une vingtaine de balagans semblables à ceux que j'avois vus : nous n'y séjournâmes point, M. Kasloff ayant jugé à

1787, Octobre.

propos de se rendre sur le champ à ses bains; ce que je desirois autant par curiosité que par besoin.

La neige avoit percé mes habits, & en traversant la rivière, qui ne laissoit pas d'être profonde, j'avois eu les pieds & les jambes très-mouillés; il me tardoit donc de pouvoir changer; mais rendu aux bains, point de bagage, il n'étoit pas arrivé. Nous crûmes nous sécher en allant nous promener sur le champ dans les environs, & reconnoître les objets intéressans que je m'attendois à y trouver. J'eus lieu d'être charmé de tout ce qui frappa mes regards; mais l'humidité du lieu, jointe à celle qui nous avoit déjà saisis, acheva de nous morfondre, & nous fit abréger notre promenade. A notre retour, nouveau sujet de peine & d'impatience; impossible à nous de changer ni de nous réchauffer, nous ne trouvâmes point nos équipages : pour surcroît de malheur, l'endroit où nous nous étions retirés, étoit des plus humides , &

quoiqu'il fût affez clos, le vent fembloit y fouffler fur nous de toutes parts. M. Kaffoff imagina de prendre un bain qui le remit promptement : n'ayant pas ofé fuivre fon exemple , je me vis réduit à attendre l'arrivée de nos équipages ; j'avois été pénétré à un tel point, que je paffai la nuit à friffonner.

Le lendemain, je fis à mon tour l'effai de ces bains, & je puis dire que jamais aucuns ne m'ont fait autant de plaifir, ni autant de bien : mais il faut d'abord indiquer la fource de ces eaux thermales, & la difpofition du bâtiment où l'on fe baigne.

Elles fe trouvent à deux verftes au nord de l'oftrog, & à environ cinq à fix cents pas du rivage de la Bolchaïa - reka, qu'il faut traverfer une feconde fois pour arriver aux bains, attendu le coude qu'elle décrit après le village. Une vapeur épaiffe & continuelle s'élève au-deffus de ces eaux qui jailliffent en bouillonnant d'une montagne peu efcarpée, à trois cents pas à l'eft de l'endroit où font fitués les bains. Dans

1787,
Octobre.
Aux bains de
Natchikin.

Le 11.

Defcription
des fources
chaudes de
Natchikin.

1787,
Octobre.
Aux bains de
Natchikin.

leur chute, dont la direction est Est &
ouest, elles forment un petit ruisseau d'un
pied & demi de profondeur, & de six
à sept pieds de largeur. A une courte
distance de la Bolchaïa-reka, ce ruisseau
en rencontre un autre avec lequel il va
se jeter dans cette rivière, à environ huit
à neuf cents pas de la source de ces eaux
thermales, où elles sont si chaudes, qu'il
est impossible d'y tenir la main une demi-
minute.

Description
des bains.

M. Kasloff a eu soin de choisir, pour
établir ses bains, l'endroit le plus commode, & celui où la température de l'eau
se trouve la plus douce; c'est au milieu
du ruisseau qu'il a construit en bois son
bâtiment dans la proportion de huit pieds
de large sur seize de long. Son intérieur
est partagé en deux cabinets, ayant chacun
six à sept pieds en carré & autant en
hauteur: l'un qui s'avance davantage du
côté de la source, & sous lequel l'eau a
par conséquent plus de chaleur, est celui
où l'on se baigne; l'autre sert uniquement

à la toilette des baigneurs; ils y trouvent
à cet effet de larges bancs au-deſſus du
niveau de l'eau, & on a laiſſé dans le
milieu un certain eſpace où l'on peut
ſe laver encore ſi on le veut. Ce qu'il
y a de très-agréable, c'eſt que la chaleur
de l'eau en répand aſſez dans ce cabinet
pour qu'on ne puiſſe pas s'y refroidir,
& qu'elle pénètre tellement le corps, que
même hors du bain on la conſerve
pendant une heure ou deux.

Nous logeâmes auprès de ces bains,
dans deux eſpèces de granges couvertes
d'une manière de chaume, & dont la
charpente étoit d'arbres & de branchages.
Elles avoient été conſtruites avant notre
arrivée, exprès pour nous, & en ſi peu
de temps, que lorſqu'on me le dit, j'eus
peine à le concevoir; mais bientôt j'en
acquis la conviction par mes yeux. Celle
qui étoit au ſud du ruiſſeau, s'étant trou-
vée trop petite & trop humide, M. Kaſloff ordonna d'en bâtir une autre de trois
à quatre toiſes, de l'autre côté où le

1787,
Octobre.
Aux bains de
Natchikin.

Conſtruction
de nos de-
meures auprès
de ces bains.

1787,
Octobre.

Aux bains de
Natchikin.

Le 14.

terrain étoit moins marécageux. Ce fut l'affaire d'un jour ; le foir elle étoit achevée, quoiqu'on y eût de plus pratiqué un efcalier qui facilite la communication de cette grange avec le bâtiment des bains, dont la porte fait face au nord.

Le froid ayant rendu notre demeure infupportable pendant la nuit, M. Kafloff fe décida à la quitter quatre jours après notre arrivée. Nous retournâmes au village nous réfugier chez le toyon ; mais l'attrait de ces bains nous y ramena chaque jour plutôt deux fois qu'une, & prefque jamais nous n'y vînmes fans nous baigner.

Les diverfes conftructions que M. Kafloff ordonna pour la plus grande commodité de fon établiffement, nous retinrent encore deux jours. Ce commandant, animé de l'amour du bien & de l'humanité, jouiffoit du plaifir d'avoir procuré à fes pauvres Kamtfchadales des bains auffi falubres qu'agréables. Leur peu de lumières, ou peut-être leur infouciance les en eût privés fans fon fecours, malgré l'extrême confiance qu'ils avoient en ces fources chaudes pour la guérifon de bien des maux *(b)*. C'eft ce qui fit defirer à M. Kafloff de connoître la propriété de ces eaux; il me propofa d'en faire avec lui l'analyfe, à l'aide d'une inftruction qui lui avoit été donnée à cet effet. Mais avant de parler des réfultats que nous avons obtenus, je crois néceffaire de tranfcrire ici cette inftruction, pour me rappeler les procédés que nous avons employés.

« Les eaux en général peuvent con-
» tenir :

» 1.º De l'air fixe, & alors elles ont
» un goût piquant & aigrelet, comme une
» limonade fans fucre.

» 2.º Du fer ou du cuivre, & alors
» elles ont un goût aftringent & défa-
» gréable, à peu-près comme l'encre.

(b) Ils n'ofoient autrefois approcher de ces fources ni d'aucun volcan, dans l'idée que c'étoit le féjour des efprits infernaux.

1787,
Octobre.
Aux bains de Natchikin.

Inftruction pour faire l'analyfe de ces eaux thermales.

1787,
Octobre.

Aux bains de
Natchikin.

» 3.° Du foufre ou des vapeurs ful-
» fureufes, & alors elles ont un goût nau-
» féabonde, comme un œuf de poule
» couvé & gâté.

» 4.° Des fels vitrioliques ou marins,
» ou des alkalis.

» 5.° Enfin de la terre. »

Air fixe.

« Pour connoître l'air fixe, le goût
» fuffit en partie; mais verfez dans l'eau
» de la teinture de tournefol, l'eau prend
» une couleur plus ou moins rouge,
» fuivant la quantité d'air fixe qu'elle
» contient. »

Le Fer.

« Le fer fe reconnoît par le moyen
» de la noix de Galle & de l'alkali
» phlogiftique; la noix de Galle, verfée
» fur une eau ferrugineufe, colore cette
» eau en pourpre ou en violet, ou en
» noir; & l'alkali phlogiftique verfé de
» même, produit fur le champ du bleu
» de Pruffe. »

Le Cuivre.

« Le cuivre se reconnoît par le moyen
» de l'alkali phlogistique & de l'alkali
» volatil ; le premier colore une eau cui-
» vreuse en rouge-brun, & le second en
» bleu : ce second moyen est plus sûr que
» le premier, parce que l'alkali volatil
» ne précipite que le cuivre, & non pas
» le fer. »

Le Soufre.

« On reconnoît le soufre & les vapeurs
» sulfureuses, en versant, 1.° de l'acide
» nitreux sur l'eau : s'il s'y forme un dépôt
» jaunâtre ou blanchâtre, c'est du soufre,
» & en même temps l'odeur sulfureuse
» s'exhale & se dissipe ; 2.° en versant
» quelques gouttes de sublimé corrosif :
» s'il se forme un précipité blanc, l'eau
» ne contient que des vapeurs de foie
» de soufre ; & si le précipité est noir,
» l'eau ne contient que du soufre. »

Sels vitrioliques.

« L'eau peut contenir des sels vitrio-

1787,
Octobre.
Aux bains de
Natchikin.

1787,
Octobre.

Aux bains de
Natchikin.

» liques, c'eſt-à-dire, des ſels réſultant de
» la combinaiſon de l'acide vitriolique
» avec de la terre calcaire, du fer, du
» cuivre, ou avec un alkali. On connoît
» la préſence de l'acide vitriolique, en
» verſant quelques gouttes de diſſolution
» de terre peſante; car alors il ſe forme
» un précipité grenu qui tombe lente-
» ment au fond du vaſe. »

Sel marin.

« L'eau peut contenir du ſel marin, ce
» que l'on reconnoît en verſant quelques
» gouttes de diſſolution d'argent; il ſe
» forme ſur le champ un précipité blanc,
» épais comme du lait caillé, qui, à la
» longue, devient d'un noir violet. »

Alkali fixe.

« L'eau peut contenir de l'alkali fixe,
» ce que l'on reconnoît en verſant quel-
» ques gouttes de diſſolution de ſublimé
» corroſif; car il ſe forme alors aſſez
» promptement un précipité rougeâtre. »

Terre

Terre calcaire.

1787,
Octobre.

Aux fources
chaudes de
Natchikin.

« L'eau peut contenir de la terre
» calcaire & de la magnéfie. Quelques
» gouttes d'acide de fucre verfées fur
» l'eau, précipitent la terre calcaire en
» nuages blanchâtres qui tombent enfuite
» au fond, & dépofent une pouffière blan-
» che. Enfin quelques gouttes de diffo-
» lution de fublimé corrofif, produifent
» un précipité rougeâtre, mais très-lente-
» ment, fi l'eau contient de la terre de
» magnéfie. »

« *Nota.* Pour que toutes ces expériences
» réuffiffent sûrement & promptement, il
» faut avoir foin de réduire l'eau qu'on
» analyfe à peu-près à moitié, en la faifant
» bouillir, excepté cependant le cas où
» l'eau contiendroit de l'air fixe, parce que
» cet air s'échapperoit par l'ébullition. »

Réfultat
de nos expé-
riences.

Après avoir bien étudié l'inftruction
ci-deffus, nous commençâmes les expériences. Les trois premières n'ayant rien
produit, nous jugeâmes que l'eau ne

*Partie I.*re D

1787,
Octobre.
Aux sources
chaudes de
Natchikin.

contenoit ni air fixe, ni fer, ni cuivre;
mais la combinaison de l'acide nitreux,
indiquée pour la quatrième expérience,
nous fit voir sur la superficie un léger
dépôt blanchâtre & de peu d'étendue, qui
nous donna lieu de croire que la quantité
de soufre ou de vapeurs sulfureuses étoit
infiniment petite.

La cinquième opération nous démontra
que l'eau contenoit des sels vitrioliques,
ou au moins de l'acide vitriolique combiné
avec de la terre calcaire. Nous reconnûmes
la présence de cet acide, en versant quelques gouttes de dissolution de terre pesante
dans cette eau, qui devint blanche en
forme de nuage; & le sédiment qu'elle
déposa lentement au fond du vase, nous
parut d'un grain très-fin & blanchâtre.

Il nous manquoit de la dissolution
d'argent pour faire la sixième expérience,
& nous assurer si l'eau ne contenoit pas
du sel marin.

La septième nous prouva qu'il n'y avoit
point d'alkali fixe.

Nous trouvâmes par la huitième opération, que l'eau contenoit une grande quantité de terre calcaire, mais point de magnéfie. Après avoir verfé quelques gouttes d'acide de fucre, nous vîmes la terre calcaire fe précipiter au fond du vafe en nuage & pouffière blanchâtres; nous y mêlâmes enfuite de la diffolution de fublimé corrofif pour chercher la magnéfie : mais le précipité, au lieu de devenir rougeâtre, conferva toujours la couleur qu'il avoit auparavant, lorfqu'il n'y avoit que de l'acide de fucre, preuve que l'eau ne contenoit point de magnéfie.

Nous fîmes ufage de cette eau pour le thé & pour notre boiffon ordinaire. Ce ne fut qu'après trois à quatre jours que nous nous aperçûmes qu'elle renfermoit quelques parties falines.

M. Kafloff fit auffi bouillir de l'eau prife à la fource, jufqu'à ce qu'elle fût totalement évaporée; la terre ou pouffière blanchâtre & très-falée, qui refta au fond du vafe, l'effet qu'elle produifit phyfique-

D ij

ment sur nous, tout indique que cette eau contient des sels nitreux.

Nous remarquâmes encore que des pierres prises dans le ruisseau, étoient recouvertes d'une substance calcaire assez épaisse & frisée, qui a fait effervescence avec l'acide vitriolique & l'acide nitreux. Nous en ramassâmes d'autres à l'endroit même où ces eaux paroissoient prendre leur source, & où elles sont le plus chaudes ; nous les trouvâmes revêtues d'une couche d'une espèce de métal, si je puis ainsi nommer cette enveloppe dure & compacte qui nous parut de la couleur du cuivre épuré, mais dont nous ne pûmes reconnoître la qualité : ce métal s'offrit ailleurs à nos yeux sous la forme de têtes d'épingles ; jamais aucun acide ne put le dissoudre. En fendant ces pierres, nous vîmes que l'intérieur étoit très-tendre & mêlé de graviers. J'observai qu'il y en avoit une grande quantité dans ces sources.

Je dois ajouter ici que nous découvrîmes au bord du ruiſſeau & dans un petit marais mouvant qui l'avoiſine, une gomme ou *fucus* particulier, glutineux, & non adhérent à la terre *(a)*.

Telles ſont les obſervations que j'ai tâché de faire ſur la nature de ces eaux thermales, en aidant M. Kaſloff dans ſes expériences & dans ſes recherches. Je n'oſe me flatter d'avoir réuſſi à en préſenter les réſultats d'une manière ſatiſfaiſante ; il ſe pourroit que, par oubli, ou par défaut de lumières, il m'eût échappé quelques erreurs dans le compte que j'ai rendu de nos opérations ; je puis dire cependant que j'y ai donné toute mon attention & tous mes ſoins. Au ſurplus, je conviens d'avance que c'eſt à moi ſeul qu'il faut imputer tout ce qu'on pourroit y trouver de défectueux.

Pendant le temps que nous paſſâmes à

1787,
Octobre.
Aux ſources
chaudes de
Natchikin.

______

(a) M. Kaſloff en avoit donné une certaine quantité à M. l'abbé Mongés, pendant le ſéjour de ce naturaliſte de notre expédition à Saint - Pierre & Saint-Paul.

ces bains & à l'oſtrog de Natchikin, nos chevaux avoient tranſporté en différens voyages les effets que nous avions laiſſés à Koriaki; & nous commençâmes à faire les diſpoſitions néceſſaires pour notre départ. Dans cet intervalle, je vis prendre une martre zibeline en vie, d'une façon qui me parut fort ſingulière, & qui peut donner une idée de la chaſſe de ces animaux.

A quelque diſtance des bains, M. Kaſlof remarqua une troupe nombreuſe de corbeaux qui voltigeoient preſque ſur un même endroit en raſant la terre. La conſtante direction de leur vol, lui fit ſoupçonner que quelque proie les attiroit. En effet, ces oiſeaux pourſuivoient une martre zibeline : nous l'aperçûmes ſur un bouleau que d'autres corbeaux environnoient; nous eûmes auſſitôt le même deſir de la prendre. La manière d'y réuſſir la plus prompte & la plus ſûre, eût été ſans doute de la tuer à coup de fuſil; mais nous avions renvoyé les nôtres au village où nous devions retourner nous-mêmes, & il ne s'en trouvoit pas un seul à emprunter parmi les personnes qui nous accompagnoient, ni dans les environs. Un Kamtschadale nous tira heureusement d'embarras, en se chargeant d'attraper l'animal ; voici comme il s'y prit : il nous demanda un cordon ; nous ne pûmes lui donner que celui qui attachoit nos cheveux. Pendant qu'il y faisoit un nœud coulant, des chiens dressés à cette chasse, avoient entouré l'arbre : l'animal occupé à les regarder , soit frayeur, soit stupidité naturelle, ne bougeoit pas ; il se contenta d'alonger son cou, lorsqu'on lui présenta le nœud coulant ; deux fois il s'y prit de lui-même, & deux fois ce lacs se défit. A la fin la martre s'étant jetée à terre, les chiens voulurent s'en saisir ; mais bien- tôt elle sut se débarrasser, & elle s'ac- crocha avec ses pattes & ses dents au museau d'un des chiens, qui n'eut pas sujet d'être content de cet accueil. Comme

D iv

1787, Octobre.

Aux sources chaudes de Natchikin.

nous voulions tâcher de prendre l'animal en vie, nous écartâmes les chiens; la martre quitta auffitôt prife, & remonta fur un arbre, où, pour la troifième fois, on lui paffa le lacs, qui coula de nouveau; ce ne fut qu'à la quatrième, que le Kamtf-chadale parvint à la prendre *(b)*. Je n'aurois jamais imaginé qu'un animal qui a l'air auffi rufé, fe laifsât attraper auffi bêtement, & préfentât lui-même la tête au piége qu'il voit qu'on lui tend. Cette facilité de chaffer les martres, eft d'une grande reffource aux Kamtfchadales, obligés de payer leurs tributs en peaux de martres zibelines, ainfi que je l'expliquerai plus bas *(c)*.

On obferva, pendant les nuits du 13

(b) M. Kafloff, qui préfida à cette chaffe, eut la bonté de me faire cadeau de cette martre zibeline, appelée *fobol* dans le pays, & me promit d'en joindre une autre, pour que je puffe en mener un couple en France.

(c) Ces fourrures font non-feulement une branche de commerce confidérable, mais encore elles fervent en quelque forte de monnoie à ces peuples,

& du 14, deux phénomènes dans le ciel, dans la partie du nord - oueft. D'après la defcription qu'on nous en fit, nous jugeâmes que c'étoient des aurores boréales, & nous regrettâmes de n'avoir pas été avertis à temps pour les voir. Le ciel avoit été affez beau pendant notre féjour aux bains; cependant la partie de l'oueft avoit prefque toujours été chargée de nuages très-épais. Le vent varia de l'oueft au nord-oueft, & nous amena de temps à autre des bouffées de neige qui ne put encore acquérir de folidité, malgré les gelées qu'on reffentit toutes les nuits.

Notre départ étant fixé au 17 octobre, nous paffâmes la journée du 16 dans les embarras qu'entraînent les derniers préparatifs. Nous devions faire le refte de notre voyage jufqu'à Bolcheretsk fur la Bolchaïa-reka. On avoit amarré deux à deux, & l'un contre l'autre, dix petits bateaux qui ne me parurent, à proprement parler, que des arbres creufés en

1787,
Octobre.
Aux fources chaudes de Natchikin.

Le 16.
Préparatif pour notre départ.

forme de pirogues; on en fit cinq radeaux pour le transport de nos personnes & d'une partie de nos effets. Il fallut bien se résoudre encore à en laisser le surplus à Natchikin, vu l'impossibilité de charger le tout sur ces radeaux, dont il n'y avoit pas moyen d'augmenter le nombre; car on avoit rassemblé tous les bateaux ou pirogues qui se trouvoient dans ce village, & même on en avoit fait venir de l'ostrog d'Apatchin, où nous allions nous rendre.

Le 17, à la pointe du jour, nous nous embarquâmes sur ces radeaux. Quatre Kamtschadales, à l'aide de longues perches, dirigeoient nos embarcations; mais le plus souvent ils furent obligés de se mettre à l'eau pour les traîner, la rivière n'ayant en certains endroits qu'un à deux pieds tout au plus de profondeur, & dans d'autres moins de six pouces. Bientôt un de nos radeaux se rompit, c'étoit justement celui qui portoit notre bagage; il fallut tout décharger sur la rive, pour le raccommoder. Nous ne l'attendîmes point, & nous préférâmes de nous en séparer pour continuer notre route. A midi, un autre accident, bien plus triste pour des gens que leur appétit commençoit fort à stimuler, nous força encore de retarder notre marche ; le radeau sur lequel on avoit embarqué notre cuisine, fut tout-à-coup submergé à nos yeux. On conçoit que nous ne vîmes pas avec indifférence la perte dont nous étions menacés ; nous nous empressâmes de sauver, comme nous pûmes, les débris de nos provisions ; & de crainte d'un plus grand malheur, nous prîmes le sage parti de faire halte en cet endroit pour y dîner. Cela nous fit insensiblement oublier notre peur, & nous donna plus de courage pour vider l'eau qui surchargeoit les pirogues, & pour nous remettre en route. Nous n'eûmes pas fait une verste, que nous rencontrâmes deux bateaux qui venoient d'Apatchin pour aider à notre transport. Nous les envoyâmes porter du secours aux radeaux

avariés, & remplacer les pirogues qui se-
roient hors d'état de servir. Comme nous
allions toujours en avant, à la tête de
toutes les embarcations, nous les perdîmes
à la longue entièrement de vue; mais
il ne nous arriva plus rien de fâcheux
jusqu'au soir.

J'observai que la Bolchaïa-reka, dans
les coudes qu'elle forme continuellement,
court à peu-près est-nord-est, & ouest-sud-
ouest. Son courant est très-rapide; il m'a
paru pouvoir filer environ cinq à six
nœuds par heure; cependant les pierres
& les bas-fonds qu'on y rencontre à
chaque instant, nous disputoient tellement le passage, qu'ils rendoient très-
pénible le travail de nos conducteurs,
qui les évitoient avec une adresse extrême:
mais à mesure que nous approchâmes
davantage de l'embouchure de la rivière,
je m'aperçus avec plaisir qu'elle devenoit
plus large & plus navigable. Je ne fus
pas moins surpris de la voir se diviser
en je ne sais combien de branches, & se

rejoindre enfuite, après avoir arrofé plu-fieurs petites îles, dont quelques - unes font couvertes de bois. Les arbres font par-tout très - petits & très - fourrés; il s'en trouve auffi un grand nombre qui s'avancent çà & là dans la rivière; ce qui ajoute encore à la difficulté de la navi-gation, & prouve l'infouciance, je dirai même la pareffe de ces peuples. Il ne leur vient pas en idée d'arracher au moins ces arbres, pour fe frayer un paffage plus facile.

Différentes efpèces d'oifeaux aquatiques, tels que canards, pluviers, goëlands, plongeons & autres, fe plaifent dans cette rivière, dont ils couvrent parfois la furface; mais il eft très-difficile de les approcher, & par conféquent de les tirer. Le gibier ne me parut pas fi commun. Sans les traces d'ours & les poiffons à moitié dévorés, qui s'offroient de tous côtés à nos yeux, j'aurois cru qu'on m'en avoit impofé, ou au moins qu'on avoit exagéré, en me parlant de la quantité de ces animaux qu'on me dit habiter ces campagnes; nous n'en pûmes découvrir aucun; mais nous vîmes beaucoup d'aigles noirs, & d'autres aux ailes blanches, des corbeaux, des pies, quelques perdrix blanches, & une hermine qui se promenoit sur le rivage.

Aux approches de la nuit, M. Kaslof jugea avec raison, qu'il seroit plus prudent de nous arrêter que de continuer notre route, avec la crainte de rencontrer des obstacles pareils à ceux qui pendant le jour avoient embarrassé notre navigation. Comment les surmonter? nous ne connoissions point la rivière, & le moindre accident peut devenir très-funeste, s'il survient dans l'obscurité de la nuit. D'après ces réflexions, nous décidâmes de mettre à terre sur la rive droite, au bord d'un petit bois, près l'endroit où M. King & sa suite firent halte *(d)*. Un bon feu réchauffa & sécha tout notre monde.

(d) Voyez le troisième voyage de Cook.

M. Kasloff avoit eu la prévoyance de se réserver, sur son embarcation, les moyens d'y placer sa tente; & pendant qu'on la dressoit, ce qui fut fait en un instant, nous eûmes la satisfaction de voir arriver deux radeaux qui étoient restés en arrière. Le plaisir que nous fit cette réunion, la fatigue de la journée, la commodité de la tente, & la précaution que nous avions eue de prendre nos lits avec nous, tout contribua à nous faire passer la meilleure nuit possible.

Le lendemain, notre appareillage se fit sans beaucoup de difficultés, & de très-bonne heure. Nous fûmes en quatre heures à Apatchin, mais nos radeaux ne purent nous conduire jusqu'au village, à cause du peu de profondeur de la rivière en ce lieu. Nous débarquâmes à environ quatre cents pas de l'ostrog, & nous fîmes ce trajet à pied.

Ce village ne me parut pas si consi-dérable que les précédens, c'est-à-dire, qu'il renferme peut-être trois ou quatre

1787.
Octobre.

Le 18.
Arrivée à Apatchin, & notes sur ce village.

habitations de moins. Il est situé dans une petite plaine qu'arrose une branche de la Bolchaïa-reka; & l'on découvre sur la rive opposée à l'ostrog, une étendue de bois que je jugeai pouvoir être une île formée par les différens bras de cette rivière.

Je sus en passant, que l'ostrog d'Apatchin, ainsi que celui de Natchikin, n'avoient pas toujours été où ils sont aujourd'hui. Ce n'est que depuis quelques années, que les habitans, appelés sans doute par l'attrait du site ou par l'espérance d'une pêche plus abondante & plus facile, ont transporté leurs demeures dans les lieux où je les ai vues. Les nouveaux emplacemens qu'ils ont choisis, sont, à ce qu'on me dit, à environ quatre à cinq verstes des anciens, dont on ne voit plus aucun vestige.

Apatchin ne m'offrit rien d'intéressant. J'en sortis pour aller rejoindre nos radeaux qui avoient passé les bas-fonds, & qui nous attendoient à trois verstes

de

de l'oſtrog, préciſément à l'endroit, où la branche de la Bolchaïa-reka, après s'être promenée à l'entour du village, rentre dans ſon lit. Plus nous deſcendîmes, plus nous la trouvâmes rapide & profonde ; de ſorte que rien ne ralentit notre marche juſqu'à Bolcheretsk, où nous arrivâmes à ſept heures du ſoir, ſuivis d'un ſeul de nos radeaux, les autres étant demeurés en arrière.

A peine débarqué, M. le commandant me conduiſit à ſa maiſon, où il eut l'honnêteté de me donner un logement que j'ai occupé pendant tout le temps de mon ſéjour à Bolcheretsk. Je dois dire qu'il n'eſt ni ſoins ni attentions que je n'aye éprouvés de ſa part. Non-ſeulement il me procura toutes les commodités & tous les agrémens qui étoient en ſon pouvoir, mais encore il me fournit tous les renſeignemens qui pouvoient contri-buer à mon inſtruction, & que ſa place lui permettoit de me donner. Sa complai-ſance le porta ſouvent à prévenir mes

1787,
Octobre.

A Bolcheretsk.

Naufrage
de la galiote
d'Okotsk.

defirs & mes queftions, & à ftimuler ma curiofité, en lui offrant tout ce qu'il jugeoit fufceptible de l'intéreffer. Ce fut dans cette intention qu'il me propofa prefqu'en arrivant, d'aller avec lui à la découverte de la galiote d'Okotsk *(e)*, qui venoit d'échouer défaftreufement à peu de diftance de Bolcheretsk.

Nous avions appris en partie ce trifte événement fur notre route. On nous avoit rapporté que le mauvais temps *(f)* que cette galiote avoit effuyé à fon aterrage, l'avoit forcée de mouiller à une lieue de la côte ; mais qu'ayant chaffé fur fes ancres, le pilote n'avoit pas vu d'autre moyen de

---

(e) Ce navire eft expédié chaque année par ordre du gouvernement, pour le tranfport de toutes fortes de denrées & autres objets deftinés pour l'approvifionnement des habitans de la péninfule.

(f) Le vent étoit en effet grand frais du nordoueft, & le temps extrêmement couvert : nous reffentîmes une partie de ce coup de vent dans notre route de Natchikin à Bolcheretsk, le lendemain du naufrage de la galiote ; mais il fut bien plus violent encore la nuit de notre arrivée.

fauver l'équipage que de fe jeter à la côte; qu'en conféquence il avoit coupé les câbles, & que fon bâtiment étoit venu s'y brifer.

1787.
Octobre.

A Bolcheretsk.

A la première nouvelle, les habitans de Bolcheretsk s'étoient raffemblés à la hâte pour voler au fecours de ce navire, & pour effayer de fauver au moins les vivres dont il étoit chargé. M. Kafloff, en arrivant, avoit donné tous les ordres qui lui avoient paru néceffaires; mais peu tranquille fur leur exécution, il fe décida bientôt à fe rendre lui-même fur les lieux. Il m'invita donc à l'accompagner, ce que j'acceptai avec tranfport, me faifant un grand plaifir de voir l'embouchure de la Bolchaïa - reka, & le port qu'elle forme en cet endroit.

Nous partîmes à onze heures du matin, fur deux radeaux, dont un (celui qui nous portoit) étoit compofé de trois bateaux. Nos conducteurs fe fervoient de rames, & quelquefois de leurs perches, qui, dans les paffages embarraffés & peu

Le 20.
Nous allons à la découverte du bâtiment naufragé.

1787,
Octobre.

profonds, leur aidoient le plus souvent à lutter contre la violence du courant, en retenant l'embarcation qu'il entraînoit & qu'il eût fait échouer immanquablement sans cette manœuvre.

La Bistraïa, autre rivière très-rapide & plus large que la Bolchaïa-reka, se réunit à cette dernière à une demi-verste, & à l'ouest de Bolcheretsk. Elle perd son nom au confluent, pour prendre celui de la Bolchaïa-reka, que cette jonction rend plus considérable, & qui va se jeter ensuite dans la mer, à environ trente verstes de Bolcheretsk.

Hameau de
Tchekafki.

Nous mîmes pied à terre à sept heures du soir dans un petit hameau appelé *Tchekafki*. Deux isbas, autant de balagans & une yourte presque détruite, sont les seules habitations que j'y trouvai. J'y vis encore une méchante remise en bois, à laquelle on a donné le nom de magasin, parce qu'il appartient à la couronne, & qu'on y transporte d'abord les approvisionnemens dont les galiotes d'Olkotsk *(g)* font chargées. C'eft pour la garde de ce magafin qu'a été établi le hameau. Nous paſsâmes la nuit dans un des deux iſbas, réſolus à nous rendre le lendemain matin au bâtiment naufragé.

Nous remontâmes au point du jour fur nos radeaux. La mer étoit baſſe; nous côtoyâmes un banc de fable fort étendu & à fec; il tient à la rive gauche de la Bolchaïa-reka, en la defcendant, & ne laiſſe dans la partie du nord qu'un paſſage de huit à dix toifes en largeur, & de deux fagènes & demie *(h)* de profondeur. Le vent qui fouffloit bon frais du nord-oueſt, agita tout-à-coup la rivière, & ne nous permit pas de nous rifquer dans le chenal. Nos embarcations d'ailleurs étoient fi petites, que chaque lame les

1787, *Octobre.*

Le 1er.

_____

(g) Lorfque ces galiotes font forcées d'hiverner, elles fe refugient dans l'embouchure d'une rivière étroite & profonde, qui fe jette dans la Bolchaïa-reka, à cinquante pas du hameau, en la remontant.

(h) La *fagène* eſt une mefure Ruſſe équivalente à la braſſe.

E iij

rempliſſoit à moitié; deux hommes travailloient ſans relâche à les vider, & ils
y ſuffiſoient à peine. Nous prolongeâmes
donc tant que nous pûmes ce banc.

Alors nous aperçûmes le mât de la
galiote au-deſſus d'une langue de terre
qui s'avance vers le ſud. Ce bâtiment nous
ſembla à deux verſtes dans le ſud de
l'embouchure de la Bolchaïa-reka. A la
pointe de cette terre baſſe dont je viens
de parler, nous découvrîmes le fanal &
la cabane de ceux qui le gardent; mal-
heureuſement nous ne pûmes voir tout
cela que de loin. La direction de la
rivière, à l'endroit où elle ſe jette dans
la mer, me parut nord-oueſt; elle y préſente une ouverture d'environ une demi-
verſte de largeur. Du côté gauche eſt donc
placé le fanal, & de l'autre ſe trouve la
continuation d'une terre baſſe que la
mer ſubmerge dans les gros temps, &
qui s'étend preſque juſqu'au hameau de
Tchekafki. De ce dernier lieu juſqu'à
l'embouchure, la diſtance eſt de ſix à

huit verftes. Plus on approche de cette entrée, plus les courans font rapides.

Il n'y avoit pas moyen de pourfuivre notre navigation ; le vent augmentoit toujours, & les vagues groffiffoient de momens en momens. Il eût été de la dernière imprudence de quitter le banc de fable, pour traverfer, par un auffi mauvais temps & fur d'auffi frêles embarcations, un efpace de deux verftes de grande eau , largeur de la baie formée par l'embouchure de la rivière. M. le commandant, qui avoit déjà fait quelques épreuves de mes foibles connoiffances en marine, voulut bien alors me demander mon avis ; il fut de virer de bord pour retourner à l'endroit de notre couchée, ce qui fut fait auffitôt. Nous eûmes grandement à nous louer de notre prévoyance ; à peine fûmes-nous arrivés à Tchékafki, que le temps devint affreux.

Je m'en confolai en penfant que j'avois au moins rempli mon but, qui étoit de voir cette entrée de la Bolchaïa-reka. J'ofe

1787.
Octobre.

Notes fur l'embouchure de la Bolchaïa-reka,

1787,
Octobre.
Tchekafki.

aſſurer qu'elle eſt d'un abord très-dange-
reux & impraticable à des vaiſſeaux de
cent cinquante tonneaux. Les naufrages
des bâtimens Ruſſes ſont trop fréquens,
pour ne pas faire ouvrir les yeux aux
navigateurs qui voudroient tenter de viſiter cette côte, & aux nations qui pen-
ſeroient à les y envoyer.

Le port ne promet d'ailleurs aucun abri;
les terres baſſes qui l'environnent ne peuvent en ſervir contre les vents qui y
donnent de toutes parts. En outre, les
bancs qu'amène le courant de la rivière
ſont très-mobiles, & par la même cauſe il
eſt preſqu'impoſſible de connoître parfaitement le chenal qui doit néceſſairement,
de temps à autre, changer de direction,
& dont la profondeur eſt indéterminée.

Ouragan
terrible.

Nous reſtâmes le reſte de la journée au
hameau de Tchekafki ſans pouvoir nous
remettre en route, ni pour aller au vaiſſeau
naufragé, ni même pour retourner à Bolcheretsk. Le ciel, au lieu de s'éclaircir,
s'étoit couvert de tous côtés de nuages

noirs & épais qui nous le masquèrent tout le jour.

Peu d'inſtans après notre arrivée, il s'étoit élevé une tempête effroyable, & la Bolchaïa - reka, auprès même de notre hameau, étoit dans la plus grande agitation. Cette houle me ſurprit, vu le peu de capacité de la rivière en cet endroit : la pointe nord-eſt de l'embouchure & la terre baſſe qui ſe prolonge dans cet air de vent, ne formoient qu'un briſan, que les lames ſubmergoient avec un bruit horrible. Le ſpectacle de ce coup de vent ne l'étoit pas moins, mais j'étois à terre, & je crus pouvoir le braver; il me prit fantaiſie d'aller chaſſer dans les environs ; je n'eus pas fait quelques pas, que, ſaiſi par le vent, je me ſentis chanceler: je tins bon & voulus ſuivre mon idée & ma chaſſe; mais arrivé à un ruiſſeau qu'il me fallut traverſer en bateau, je courus le plus grand danger, & je m'en revins ſur le champ, bien corrigé de ma petite fanfaronade. Ces terribles

1787,
Octobre.
A Tchekafki.

ouragans étant très-ordinaires dans cette saison, il n'est pas étonant qu'il arrive tant de naufrages sur ces côtes; les bâtimens sont si petits, ils n'ont qu'un seul mât, & ce qu'il y a de pis, c'est que les marins qui les conduisent, ne sont guère dignes de la confiance qu'on leur accorde, s'il faut en croire ce qu'on m'en a rapporté.

Le lendemain nous reprîmes notre route pour retourner à Bolcheretsk, où nous n'arrivâmes que le soir à nuit tombante.

Comme je prévois que mon séjour ici sera peut-être fort long, puisque nous sommes forcés d'y attendre l'établissement du traînage, je vais reprendre le fil de mes descriptions, & le récit de ce que j'ai vu ou appris dans mes entretiens avec les Russes & les Kamtschadales. Commençons par la ville ou le fort de Bolcheretsk, car c'est ainsi qu'on l'appelle en Russe (ostrog ou krepost).

Il est situé au bord de la Bolchaïa-reka dans une île de peu d'étendue, formée

par les différentes branches de cette
rivière, qui partagent la ville en trois
parties plus ou moins habitées. Celle qui
est la plus éloignée, & qui se trouve le
plus à l'est, est une espèce de faubourg
appelé *Paranchine;* il contient environ
dix à douze isbas. En deçà, ou dans le
sud - ouest de Paranchine, c'est-à-dire,
dans la partie du milieu, on voit aussi
plusieurs isbas, & entr'autres une rangée
de petites baraques en bois qui servent
de boutiques. Vis-à-vis est le corps-de-
garde, qui est en même temps la chancellerie ou salle de justice *(i)*; cette maison
est plus grande que les autres, & elle est
toujours gardée par une sentinelle. Un
second petit bras de la Bolchaïa – reka
sépare encore par un très-court intervalle,
cet amas d'habitations bâties sans ordre

1787,
Octobre.
A Bolcheretsk.

(i) Ce corps-de-garde sert encore de prison, &
même d'école pour les enfans. Le maître de cette
école est un Japonois, sachant plusieurs langues, &
payé par le gouvernement pour enseigner les enfans
du pays.

& éparfes çà & là, de la troifième partie de la place qui préfente, dans le nord-oueft, un autre groupe de bâtimens plus rapprochés de la rivière. Celle-ci court dans cette partie fud-eft & nord-oueft, & paffe à cinquante pas de la maifon du commandant. Cette maifon fe diftingue aifément des autres; elle eft plus élevée, plus vafte, & bâtie dans le goût des maifons en bois de Saint-Péterfbourg. A deux cents pas au nord-eft de la demeure du commandant, on trouve l'églife, dont la conftruction eft fimple & femblable à celle de toutes les églifes des villages Ruffes. Auprès de celle-ci eft une charpente de vingt pieds de haut, & recouverte feulement d'un toit, fous lequel font fufpendues trois cloches. On découvre encore dans le nord-oueft de la maifon du commandant, une autre petite portion de la place, qui eft féparée de cette maifon par un pré ou marais d'environ trois cents pas d'étendue, & qui n'eft compofée que de vingt-cinq à trente ifbas & de quelques

balagans. En général, il y a très-peu de
ces dernières habitations à Bolcheretsk;
on en compte tout au plus dix; le refte
n'eft qu'ifbas ou maifons de bois, dont le
nombre peut monter à cinquante ou foixante, fans y comprendre les huit boutiques, la chancellerie & la maifon du
commandant.

Cette defcription exacte du fort de
Bolcheretsk , doit faire trouver étrange
qu'on lui conferve ce nom; car je puis
attefter qu'il n'y a pas traces de fortifications, & même il n'y a pas d'apparence
qu'on ait jamais penfé à en conftruire en
ce lieu. L'état, la pofition de cette place
& de fon port, tout me porte à croire
qu'on a fenti les dangers & les obftacles
fans nombre qu'on auroit à furmonter, fi
l'on vouloit effayer de la rendre plus florif-
fante, & d'en faire l'entrepôt général du
commerce de toute la prefqu'île. Les vues
du gouvernement paroiffent, ainfi que je
l'ai dit, s'être plutôt tournées du côté du
port de Saint-Pierre & Saint-Paul, dont

1787,
Octobre.
A Bolcheretsk.

1787,
Octobre.
A Bolcheretsk.
Différence
remarquable
entre Saint-
Pierre & Saint-
Paul, & Bol-
cheretsk.

la proximité, le facile accès & la sûreté doivent lui mériter la préférence.

Il existe entre ces deux places une différence frappante; c'est le degré de civilisation que j'ai remarqué à Bolcheretsk, & que je n'ai point vu à Pétropavlofska. Ce rapprochement sensible des mœurs Européennes, établit une assez grande opposition entre ces deux endroits. J'aurai soin de la faire sentir & d'en indiquer la cause dans le cours de mes observations sur les habitans de ces ostrogs; car c'est ici où je dois chercher à donner des détails sur leurs travaux, leurs usages, leurs goûts, leurs amusemens, leur nourriture, leur esprit, leur caractère, leurs tempéramens; enfin sur les principes du gouvernement auquel ils sont soumis.

Population à
Bolcheretsk.

La population est à Bolcheretsk, d'environ deux à trois cents personnes, tant hommes que femmes & enfans. Parmi ces habitans, on compte, y compris les bas officiers, soixante à soixante-dix

Cosaques ou soldats qui sont chargés de tous les travaux relatifs au service *(k)*. Ils montent la garde chacun à leur tour, nettoyent les chemins, raccommodent les ponts, déchargent les provisions envoyées d'Okotsk, & les transportent de l'embouchure de la Bolchaïa - reka jusqu'à Bolcheretsk. Le reste des habitans n'est composé que de négocians & de matelots.

Tous ces gens, Russes & Cosaques, parmi lesquels se trouvent des métis, font un commerce furtif qui embrasse tantôt un objet & tantôt un autre ; il varie aussi souvent que l'occasion leur fait naître l'idée d'en changer, mais ce n'est jamais dans la vue de s'enrichir par des voies honnêtes. Leur industrie n'est qu'une friponnerie continuelle; elle ne les porte qu'à tromper à la journée les

1787,
Octobre.
A Bolcheretsk.

Commerce
frauduleux des
Cosaques &
autres.

(k) Leur paye est si médiocre, que la recette d'une année ne suffiroit pas pour les faire vivre seulement un mois, s'ils n'avoient la ressource d'un petit commerce frauduleux dont je vais rendre compte.

1787,
Octobre.
A Bolcheretsk.

pauvres Kamtschadales, que leur crédulité & un penchant invincible à l'ivrognerie, livrent fans réferve à la merci de ces dangereux brigands. Ceux-ci, à l'inftar de nos charlatans & d'autres fripons de cette efpèce, vont de villages en villages amorcer les trop foibles indigènes; ils leur propofent de leur vendre de l'eau-de-vie qu'artificieufement ils préfentent à goûter. Il eft prefque impoffible qu'un Kamtschadale, homme ou femme, réfifte à cette offre. On conçoit que le premier effai eft fuivi de plufieurs autres; bientôt les têtes s'échauffent, fe perdent, & l'aftuce des vendeurs obtient en même temps le débit du refte de leur marchandife. A peine font-ils parvenus à enivrer les ac-quéreurs, qu'ils favent en tirer en échange ce qu'ils ont de plus précieux, c'eft-à-dire, toutes les pelleteries qu'ils peuvent avoir; & fouvent c'eft le fruit des peines d'une faifon entière, ce qui devoit fervir à payer le tribut à la couronne, ou même procurer, en le vendant, la fubfiftance

de

de la famille : mais aucune conſidération n'arrête un buveur Kamtſchadale ; tout eſt oublié, rien ne lui coûte pour ſe ſatisfaire. Dans leur abrutiſſement, ces malheureux ſe laiſſent ainſi tout enlever en un inſtant ; & le plaiſir momentané de vider quelques meſures d'eau-de-vie. (l),

1787, *Novembre.* A Bolcheretsk

(l) On ſait que c'eſt la paſſion dominante chez tous les peuples du nord ; mais j'ai eu plus d'une fois occaſion d'obſerver que celui-ci ne le cède à aucuns. Voici un trait entr'autres qu'on m'a raconté ſur les lieux, pour me faire juger de la rapacité de ces commerçans vagabonds, & de la ſtupide prodigalité de leurs dupes.

Un Kamtſchadale avoit donné une martre zibeline pour un verre d'eau-de-vie ; brûlant d'en boire un autre, il invite le vendeur à entrer dans ſa maiſon : celui-ci remercie, ſe dit preſſé ; nouvelles inſtances de la part du buveur qui propoſe un ſecond marché ; à ce mot, l'autre ſe laiſſe entraîner. == « Encore un verre pour cette martre ; elle eſt plus » belle que la première. == Non, je dois garder » ce qui me reſte d'eau-de-vie ; j'ai promis de la » vendre à tel endroit, & je pars. == Un mo- » ment ; voici deux martres. == C'eſt inutile. == » Eh bien ! je mets la troiſième. == Allons, bois. » En même temps les trois martres ſont ſaiſies, &

Partie Ire   F

1787,
Novembre.
A Bolcheretsk.

les réduit à la dernière misère, sans que jamais l'expérience pénible qu'ils en font, leur apprenne à se tenir désormais en garde contre leur propre foiblesse, ni contre l'adroite perfidie de ces marchands, qui finissent à leur tour par boire presqu'aussitôt tout le gain qu'ils doivent à leur friponnerie.

Commerce
en général.

Pour terminer l'article du commerce, j'ajouterai que ceux qui le font plus en grand dans toute la presqu'île du Kamtschatka, ne font que des commis de négocians de Totma, Vologda, grand Uftiug, & de différentes villes de la Sibérie, ou des facteurs d'autres gros capitalistes, qui étendent jusque-là leurs spéculations de commerce.

---

notre homme fait de nouveau mine de sortir: son hôte redouble de cajoleries pour le retenir; il demande un troisième verre; autre refus, autres offres: plus le marchand fait le renchéri; plus le Kamtschadale prodigue les pelleteries. Qui croiroit qu'il finit par sacrifier pour ce dernier verre, sept martres zibelines de la plus grande beauté! c'étoit tout ce qui lui restoit.

Toutes les marchandifes & denrées, que la néceffité oblige de prendre dans leurs magafins, s'y vendent exceffivement cher, & environ dix fois au-deffus de leur valeur courante à Mofcou. Le vedro *(m)* d'eau-de-vie de France fe paye ici quatre-vingts roubles. Le débit en eft permis aux marchands; mais celle de grains venant d'Okotsk, & celle qui fe fait dans le pays avec de la *flatkaïa-trava* ou herbe douce, font vendues pour le compte du gouvernement, au prix de quarante-un roubles quatre-vingt-feize kopecks le vedro. On ne peut les vendre que dans les *kabacs* ou cabarets établis à cet effet. A Okotsk, le vedro de l'eau-de-vie de grains ne coûte que dix-huit roubles; d'où il réfulte que les frais de tranfport peuvent s'évaluer à vingt-trois roubles quatre-vingt-feize kopecks, ce qui paroît exorbitant: qu'on juge d'après cela du bénéfice.

1787,
Novembre.
A Bolcheretsk.

(m) Le *vedro* eft une mefure qui revient à trente ou quarante bouteilles de pinte.

Les autres marchandiſes d'importation
(n), je veux dire celles qui ſont envoyées
d'Okotsk, conſiſtent en nankins & quelques étoffes de Chine, & en divers objets
tirés des manufactures Ruſſes & étrangères,
tels que des rubans, mouchoirs, bas,
bonnets, ſouliers, bottes & autres arti-
cles qui entrent dans l'habillement des
peuples de l'Europe, & qui paroiſſent
tenir au luxe, eu égard à l'extrême ſim-
plicité du vêtement & des habitudes des
Kamtſchadales. On apporte auſſi en denrées du ſucre, du thé, du café en petite
quantité, très-peu de vin, des biſcuits,
des confitures ou fruits ſecs, comme
prunes, raiſins, &c. enfin des chandelles,
bougies, de la poudre, du plomb, &c.

La rareté de toutes ces marchandiſes
dans un pays ſi éloigné, & le beſoin qu'on
en a, ou celui qu'on s'en fait, forcent à

(n) J'ai annoncé plus haut que le commerce
d'exportation étoit borné aux fourrures ; il ſe fait
principalement par les négocians dont je viens de
parler.

les prendre au prix exceſſif qu'y met l'avidité du vendeur. Pour l'ordinaire, il en
trouve le débit preſqu'au moment de leur
arrivée. Ces marchands tiennent bouti-
que, ils occupent chacun une de ces baraques qui ſont placées vis-à-vis le corps-
de-garde ; ces boutiques ſont ouvertes
tous les jours, excepté les fêtes.

La manière de vivre des habitans de
Bolcheretsk, ne diffère pas de celle des
Kamtſchadales; cependant ils ſe plaiſent
bien moins ſous des balagans, & leurs
maiſons ſont un peu plus propres.

Les vêtemens ſont les mêmes; l'habit
de deſſus, qu'on nomme *parque*, a la forme
des chemiſes de nos charretiers; il eſt
ordinairement de peaux de rennes *(o)* ou
d'autres animaux qui ſont tannées d'un
côté. Ils portent deſſous de longues culottes de pareils cuirs, & ſur la peau une
chemiſe fort courte & ſerrée, ſoit de

1787,
Novembre.
A Bolcheretsk.

Manière
de vivre des
habitans de
Bolcheretsk,
& en-général
des Kamtſcha-
dales.

Habillemens.

____

(o) Ils tirent ces vêtemens de peaux de rennes
du pays des Koriaques.

F iij

1787,
Novembre.
A Bolcheretsk.

nankin, soit d'étoffe de coton; les femmes en ont de soie, & c'est un luxe parmi elles. Les deux sexes mettent des bottes; l'été elles sont de peaux de chèvres ou de chiens tannées, & l'hiver de peaux de loups marins ou de pieds de rennes *(p)*. Les hommes, en tout temps, se couvrent la tête avec de larges bonnets fourrés; dans la belle saison ils endossent une plus longue chemise de nankin ou de peau sans poil; elle est faite comme la parque, & leur sert au même usage, c'est-à-dire, qu'ils la passent par-dessus les autres vêtemens. L'habit de cérémonie & le plus distingué, est une parque bordée de peau de loutre & de velours, ou d'autre étoffe & de fourrure aussi chère. Les femmes sont vêtues de la même manière que les femmes Russes; l'habillement de celles-ci est trop connu pour que j'aie besoin de le décrire; j'observerai seulement que la

---

(p) Ces bottes s'appellent au Kamtschatka, *torbassi.*

cherté exceffive de toutes les efpèces d'étoffes au Kamtfchatka, y rend la toilette des femmes un objet de dépenfe confidérable ; auffi adoptent-elles quelquefois l'accoutrement des hommes.

La nourriture principale de ces peuples confifte, comme je l'ai déjà dit, en poiffons féchés. Les hommes font eux-mêmes leurs approvifionnemens de ce premier aliment, tandis que les femmes vaquent aux travaux de l'intérieur du ménage, & s'occupent à ramaffer les fruits & autres végétaux qui font, après le poiffon fec, les mets favoris des Kamtfchadales & des Ruffes de ces contrées. Lorfque ces femmes vont faire ces récoltes pour la confommation de l'hiver, ce font pour elles autant de jours de fêtes ; elles les célèbrent par des tranfports d'une joie bruyante & effrénée, qui donne lieu parfois à des fcènes bizarres & le plus fouvent indécentes. Elles fe répandent en foule dans les campagnes en chantant & s'abandonnant à toutes les folies que leur imagination

1787,
Novembre.
A Bolcheretsk.

Alimens.

F iv

1787,
Novembre.
A Bolcheretsk.

leur fuggère ; nulle crainte , nulle pudeur ne les retiennent. Je ne faurois mieux peindre leur extravagante frénéfie qu'en la comparant à celles des bacchantes du paganifme. Malheur à l'homme que le hafard amène & livre alors entre leurs mains! quelque déterminé ou quelque agile qu'il foit, impoffible à lui de fe fouftraire au fort qui le menace ; il eft rare qu'il forte du combat fans avoir reçu une ample fuftigation.

Quant aux alimens, voici à peu-près comment les Kamtfchadales les préparent : on jugera par ce récit qu'on ne peut pas les foupçonner d'être délicats. Ils favent fur-tout ne rien perdre du poiffon; auffitôt pêché *(q)*, ils lui arrachent les ouïes, qu'ils fe hâtent de fucer avec un plaifir extrême. Par un autre rafinement de fenfualité ou de gloutonnerie, ils en coupent auffi fur le champ quelques morceaux tout faignans , & fouvent tout gelés, qu'ils

---

(q) J'entrerai dans un plus grand détail fur leurs pêches, lorfque je parlerai de leurs chaffes.

dévorent avec la même avidité. On achève enfuite de dépecer le poiffon, dont l'arête eft deftinée aux chiens. Le refte fe conferve & fe fait fécher pour l'hiver ; alors on le mange bouilli, rôti, grillé, & le plus ordinairement tout cru.

Mais le mets que les palais connoiffeurs eftiment davantage, & qui m'a paru à moi le plus dégoûtant, c'eft une efpèce de faumon appelé *tchaouitcha*. Immédiatement après l'avoir pris, ils l'enterrent dans une foffe ; ils l'oublient dans cet étrange garde-manger, jufqu'à ce qu'il ait eu le temps de s'y bien aigrir, ou, pour parler plus jufte, de s'y pourrir complétement. Ce n'eft qu'à ce point de corruption, qu'il acquiert la faveur qui flatte le plus la friandife de ces peuples. A mon avis, l'odeur infecte qui s'exhale de ce poiffon, fuffiroit pour dégoûter l'homme le plus affamé ; & cependant un Kamtfchadale fe délecte à manger toute crue cette chair putréfiée. Qu'il fe trouve heureux fur-tout quand il tient

1787,
Novembre.
A Bolcheretsk

1787,
Novembre.
A Bolcheretsk.

la tête! c'eſt le morceau par excellence;
on la coupe en pluſieurs parts. J'ai voulu
parfois vaincre ma répugnance pour
goûter légèrement de ce mets ſi recherché;
jamais je n'ai pu me réſoudre, non pas
à y mettre la dent, mais ſeulement à
l'approcher de ma bouche; chaque fois
l'exhalaiſon fétide qu'il répand au loin,
m'a donné des nauſées, & m'a repouſſé
invinciblement.

Des truites & des ſaumons de pluſieurs
eſpèces, ſont les poiſſons les plus communs
au Kamtſchatka : on mange auſſi des loups
marins, & la graiſſe de ce poiſſon eſt trou-
vée très-bonne; on s'en ſert pour faire
de l'huile à brûler.

Parmi les différens végétaux qui entrent pareillement dans la nourriture des
Kamtſchadales, ils font principalement
uſage de la racine de ſarana, de l'ail ſau-
vage, de la ſlatkaïa-trava ou herbe douce,
& de quelques plantes & autres fruits
qui ſont à peu-près les mêmes qu'en
Ruſſie.

La racine de sarana est connue des botaniftes *(r)* fa forme, fa groffeur & fa couleur ont été décrites fort au long dans le troifième voyage de Cook. Cette racine farineufe tient lieu de pain *(f)*; on la fait fécher avant de la faire cuire; mais de quelque façon qu'on l'apprête, elle eft toujours très-faine & très-nourriffante.

De l'ail fauvage *(t)* on fait une efpèce de boiffon aigre & fermentée qui a un très-mauvais goût; il eft encore employé dans diverfes fauces, ces peuples l'aiment beaucoup.

1787.
A Bolcheretsk.

Boiffons.

(r) Sous cette dénomination : *lilium flore atro rubente.*

(f) Les Cofaques ufent en outre de la farine de feigle; ils en font un pain noir femblable à celui des payfans Ruffes. Le gouvernement leur donne une certaine quantité de cette farine; mais elle eft toujours infuffifante, & ils font forcés de s'en approvifionner à leurs frais; quelques-uns en font des accaparemens pour gagner enfuite fur la vente.

(t) On l'appelle au Kamtfchatka *tfcheremtfcha.* Gmelin le défigne ainfi : *allium foliis radicalibus petiolatis, floribus umbellatis,* tome I, page 49.

1787,
Novembre.
A Bolcheretsk.

La flatkaïa-trava ou herbe douce est assez agréable lorsqu'elle est fraîche. Les Anglois font aussi entrés dans de grands détails fur cette plante *(u)*, que les naturels du pays estiment fort, fur-tout en distillation. Peu de temps après l'avoir cueillie ils la partagent par la moitié, & la ratissent avec une valve de moule pour en extraire la moelle; ils la font ensuite sécher pour l'hiver, & lorsqu'ils veulent s'en servir dans leurs ragoûts, ils la font bouillir. La flatkaïa-trava ou cette herbe douce s'emploie aussi pour faire de l'eau-de-vie *(x)*, vendue dans le pays, ai-je dit plus haut, pour le compte du gouvernement qui

(u) Spondilium foliolis pinnatifidis. Voyez Linn. Le fuc qui fort de la pellicule de cette plante a une telle malignité, que la main ne peut y toucher, fans enfler à l'inftant; aussi a-t-on grand foin de mettre des gants pour la cueillir.

(x) Cette eau-de-vie enivre encore plus vîte que celle de France; quiconque en boit, est fûr d'être extrêmement agité pendant la nuit, & de fe trouver le lendemain fombre & inquiet comme s'il avoit fait un mauvais coup.

achette alors cette plante des Kamtschadales.

On compte trois sortes d'habitans, les
Naturels ou Kamtschadales, les Russes &
Cosaques, & les Métis ou les individus
sortis du mélange de ces deux races.

Les indigènes, c'est-à-dire, ceux dont
le sang n'est pas mêlé, sont peu nombreux;
la petite vérole en a enlevé les trois
quarts, & ce qui reste est répandu dans
les divers ostrogs de la presqu'île; mais
dans Bolcheretsk, on auroit peine à en
trouver un ou deux.

Les vrais Kamtschadales sont en général
d'une taille au-dessous de l'ordinaire; ils
ont la figure ronde & large, les yeux
petits & enfoncés, les joues saillantes, le
nez écrasé, les cheveux noirs, presque
point de barbe, & le teint un peu basané.
Celui de la plupart des femmes, &
leurs traits, sont à peu-près les mêmes;
on ne les croira pas, d'après ce portrait,
des objets bien séduisans.

Le caractère des Kamtschadales est doux

1787,
Novembre.

A Bolcheretsk.
Habitans du
Kamtschatka.

Indigènes.

1787.
Novembre.
A Bolcheretsk.

& hospitalier ; ils ne sont ni fourbes ni voleurs ; ils ont même si peu de finesse, qu'il n'y a rien de plus facile que de les tromper, comme on l'a vu, en profitant de leur penchant à l'ivrognerie. Ils vivent entr'eux dans la meilleure intelligence ; il semble qu'ils se tiennent davantage, en raison de leur petit nombre ; cette union les porte à s'aider mutuellement dans leurs travaux, & ce n'est pas une médiocre preuve de leur zèle à s'obliger, si l'on considère leur paresse naturelle, qui est extrême. Une vie active leur seroit insupportable ; & le souverain bonheur à leurs yeux, après celui de s'enivrer, c'est de n'avoir rien à faire, de vivre dans une douce indolence. Elle est telle chez ces peuples, qu'elle leur fait négliger les moyens de pourvoir aux premiers besoins de la vie : on a vu plus d'une fois des familles entières réduites, l'hiver, aux dures extrémités de la disette, pour n'avoir pas voulu se donner la peine de faire, pendant l'été, leurs provisions de poisson, qui est pourtant pour eux l'aliment de première nécessité. S'ils oublient ainsi leur propre existence, on conçoit qu'ils sont encore moins soigneux sur l'article de la propreté; elle ne brille ni sur eux, ni dans leurs demeures; on pourroît même leur reprocher de donner dans l'excès contraire. Malgré cette insouciance & les autres défauts des naturels, on est réduit à regretter que leur nombre ne soit pas plus considérable; car, d'après ce que j'ai vu & ce qui m'a été confirmé par plusieurs personnes, pour être sûr de rencontrer en ce pays des sentimens d'honneur & d'humanité, il faudroit les chercher chez les vrais Kamtschadales; ils n'ont pas encore troqué leurs grossières vertus contre les vices polis que leur ont apportés les Européens destinés à les civiliser.

Mais c'est à Bolcheretsk où j'ai commencé à apercevoir les effets de leur influence. J'y ai vu, en quelque sorte, la trace des mœurs Européennes, moins

1787, Novembre.
A Bolcheretsk.

Réflexions sur les mœurs des habitans de Bolcheretsk.

encore dans le mélange des races, dans l'idiome & la conformation des traits des habitans, que dans leurs inclinations & leur manière d'être, qui n'annoncent pas toujours un très-grand fond de vertu. Cette différence remarquable entr'eux & les indigènes, ne provient, selon moi, que d'un acheminement pénible à la civilisation; & voici sur quoi je fonde mon opinion à ce sujet.

Bolcheretsk étoit, il n'y a pas encore long-temps, le chef-lieu du Kamtschatka, sur-tout depuis que les commandans avoient jugé à propos d'y établir leur résidence. Ces chefs & leurs suites y apportèrent les connoissances & les mœurs des Européens : on sait que celles-ci s'altèrent ordinairement dans la tradition, à mesure qu'elles s'éloignent davantage de la source; il est à présumer cependant que le gouvernement Russe ne confia, autant qu'il lui fut possible, son autorité & l'exécution de ses ordres, qu'à des officiers d'un mérite reconnu, si j'en juge par ceux qui

en

en sont chargés aujourd'hui; d'après cela, il faut croire que ces commandans & autres officiers ne donnèrent, dans les lieux de leur résidence, que des exemples de vertus, de lumières & de toutes les qualités estimables des peuples civilisés. Malheureusement les leçons qu'ils offrirent ne furent pas toujours suffisantes, c'est - à - dire, qu'elles ne produisirent pas tout l'effet qu'on pouvoit en attendre, soit parce que ne présentant que des aperçus, elles ne furent pas assez sensibles, soit plutôt parce que n'ayant pu se répandre dans leur perfection, elles ne laissèrent dans les esprits que des impressions éphémères ou même vicieuses.

Ces réformateurs ne trouvèrent pas le même zèle dans les Cosaques qui composent les garnisons, ni dans les négocians & autres émigrans Russes, qui se sont établis dans cette péninsule. Le penchant à la licence, & l'amour du lucre, que portent presque toujours dans un pays conquis les colonies des vainqueurs, de

1787,
Novembre.
A Bolcheretsk.

Partie Ire   G

1787,
Novembre.
A Bolcheretsk.

semblables difpofitions développées par la facilité de faire des dupes, dûrent arrêter les progrès de la réforme. Le germe funefte de ces inclinations s'y propagea plus promptement par les alliances, tandis que les femences des vertus fociales, qu'on avoit tâché d'y répandre, furent à peine recueillies.

Il en eft réfulté que les naturels ou vrais Kamtfchadales, ont gardé affez généralement leur ignorante fimplicité & la rudeffe de leurs mœurs, & qu'une partie des autres habitans Ruffes & métis, qui de préférence fe font fixés dans la réfidence des chefs, ont bien confervé une foible nuance des mœurs de l'Europe, mais non pas de ce qu'elles offrent de plus parfait. On en a déjà vu la preuve dans ce que j'ai dit de leurs principes dans le commerce, & j'ai été à portée de m'en convaincre encore mieux pendant mon féjour à Bolcheretsk, par une étude plus fuivie de fes habitans, qui, fans cette nuance, reffembleroient prefque en tout aux indigènes.

M. Kaſloff, &, à ſon exemple, tous ceux qui l'accompagnoient, donnèrent ſucceſſivement aux dames de cet oſtrog, pluſieurs fêtes ou bals; elles y vinrent toutes chaque fois avec autant d'empreſ-ſement que de joie. J'eus lieu de voir qu'on ne m'avoit pas trompé, en m'aſſu-rant que ces femmes, les Kamtſchadales comme les Ruſſes, aiment toutes le plaiſir; elles en ſont ſi avides, qu'elles ne peu-vent le cacher. Les filles ſont toutes éton-namment précoces, & ne paroiſſent point tenir de la froideur du climat.

Pour les femmes de Bolcheretsk qui ſe rendirent à nos aſſemblées, & qui la plu-part étoient ou d'un ſang mêlé ou nées de père & mère Ruſſes, j'obſervai que leurs figures en général n'étoient pas dé-ſagréables; j'en vis même pluſieurs qui pouvoient paſſer pour jolies: mais la fraî-cheur chez elles n'eſt pas de longue durée; ce ſont ſans doute les enfans, ou les ou-vrages pénibles auxquels elles ſont aſſu-jetties, qui les fanent ainſi preſqu'à la fleur

G ij

1787,
Novembre &
Décembre.
Bals donnés aux dames de Bolcheretsk, & remarques faites dans ces bals.

1787.
Novembre &
Décembre.
A Bolcheretsk.

de leur âge. Leur humeur est joyeuse &
d'une vivacité piquante, peut-être un peu
aux dépens de la décence ; elles cherchent
d'elles-mêmes à amuser la société par tout
ce que leur gaieté & leurs jeux peuvent
leur fournir : elles aiment à chanter & le
son de leur voix est doux & assez agréable ;
il seroit seulement à desirer que leur musique sentît moins le terroir, ou se rappro-
chât davantage de la nôtre. Elles parlent le
Russe & le Kamtschadale , mais elles
conservent toutes l'accent de ce dernier
idiome. Je ne m'attendois guère à voir
danser ici des polonnoises & encore moins
des contredanses dans le goût des angloises:
qui croiroit qu'on y a même une idée du
menuet ? Soit que mon séjour sur mer
pendant vingt-six mois, m'eût rendu peu
difficile, soit que les souvenirs que ce spectacle me retraçoit, m'eussent fasciné les
yeux, je trouvai que ces danses étoient
exécutées avec assez de précision & plus
de grâce que je n'aurois imaginé. Les
danseuses dont il est question, portent la

vanité jufqu'à dédaigner les chanfons & les danfes des Kamtfchadales. Pour achever de rendre compte de mes obfervations dans ces bals, j'ajouterai que la toilette des femmes ne laiffe pas d'être foignée ; elles mettent tout ce qu'elles ont de plus galant, ou ce qu'elles jugent de plus précieux. Ces habits de bals & de cérémonie font principalement en foieries ; & l'on a vu à l'article du commerce, que ces vêtemens doivent leur coûter fort cher. Je finirai ce récit par une remarque que j'eus occafion de faire, tant dans ces affemblées que dans celles des Kamtfchadales, auxquelles j'affiftai enfuite ; c'eft que le plus grand nombre des maris Ruffes ou indigènes ne paroiffent point jaloux ; ils ferment volontiers les yeux fur la conduite de leurs femmes, & font on ne peut pas plus traitables fur ce chapitre.

Les affemblées & fêtes Kamtfchadales où je me trouvai, m'offrirent un autre fpectacle également curieux par fa fingularité : je ne fais ce qui me frappa davantage

1787,
Décembre.
A Bolcheretsk

Fêtes & danfes Kamtfcha-
dales.

G iij

1787,
Novembre &
Décembre.

A Bolcheretsk,

du chant ou de la danse ; celle-ci me parut tenir beaucoup de celle des Sauvages ; elle consiste à faire en mesure des mouvemens, ou plutôt des contorsions désagréables & difficiles, en poussant tout à-la-fois un son guttural & forcé, semblable à un hoquet prolongé, pour marquer le temps de l'air que chante l'assemblée, & dont les paroles sont le plus souvent vides de sens, même en Kamtschadale. Je notai un de ces airs que je crois devoir placer ici, pour donner une idée du chant & du mètre de ces peuples.

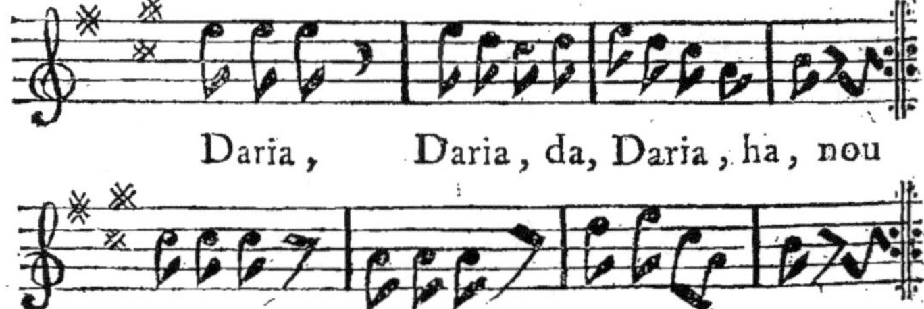

Ce qui signifie,

Daria (y), Daria, chante & danse encore.

Ce même air se répète ainsi à l'infini.

(y) Daria est un nom de baptème qu'on donne aux filles en Russie.

Ils aiment fur-tout à contrefaire dans leurs danfes les différens animaux qu'ils chaffent, tels que la perdrix & autres, mais l'ours principalement ; ils repréfentent fa démarche lourde & ftupide, & fes diverfes fenfations ou fituations, c'eft-à-dire, les petits autour de leur mère, les jeux amoureux des mâles avec les femelles ; enfin leur agitation, lorfqu'ils viennent à être troublés. Il faut que ces peuples aient une connoiffance bien parfaite de cet animal ; ils ont, il eft vrai, de fréquentes occafions de l'obferver, & fans doute ils en font une étude particulière, car ils en rendent tous les mouvemens auffi-bien, je crois, qu'il eft poffible. Je demandai à des Ruffes plus connoiffeurs que moi, étant dans leurs chaffes plus habituellement aux prifes avec ces animaux, fi ces ballets pantomimes étoient bien exécutés ; ils m'affurèrent tous qu'il étoit difficile de rencontrer dans le pays de plus habiles danfeurs, & que les cris, la

G iv

1787,
Décembre.
A Bolcheretsk.

1787,
Décembre.
A Bolcheretsk.

marche, & toutes les attitudes de l'ours étoient imités à s'y méprendre. Cependant n'en déplaise aux amateurs, ces danses, selon moi, ne sont pas moins fatigantes pour les spectateurs que pour les acteurs. On souffre réellement de voir ces danseurs se déhancher, se disloquer tous les membres, enfin s'époumoner, & tout cela pour exprimer l'excès du plaisir qu'ils goûtent dans ces bals bizarres, qui, je le répète, ressemblent aux divertissemens ridicules des Sauvages : à bien des égards, les Kamtschadales peuvent être mis sur la même ligne.

Chasse de
l'ours.

Après avoir rapporté avec quel art ces peuples contrefont les postures & tous les mouvemens de l'ours, qu'on pourroit appeler en quelque sorte leur maître à danser, ne seroit-il pas à propos de donner une idée de la façon dont ils chassent cet animal ? Ils l'attaquent de différentes manières ; parfois ils lui tendent des piéges : sous une trappe pesante, soutenue en l'air par un échaffaudage assez élevé, ils mettent un appât quelconque pour y attirer l'ours; celui-ci ne l'a pas plutôt fenti & aperçu, qu'il s'avance pour le dévorer; en même temps il ébranle le foible fupport de la trappe, qui lui retombe fur le cou, & punit fa voracité, en lui écrafant la tête, & fouvent tout le corps. C'eft ainfi que depuis, en paffant dans des bois, j'en ai vu de pris à ces piéges; ceux-ci reftent tendus jufqu'à ce qu'un ours s'y foit attrapé : avant que cela arrive, il fe paffe quelquefois près d'un an. Cette façon de chaffer l'ours, dira-t-on, n'exige pas une grande hardieffe, ni beaucoup de fatigues de la part des chaffeurs; mais il en eft une autre fort en ufage en ce pays, & pour laquelle on jugera qu'il faut autant de force que de courage. Accompagné ou non, un Kamtfchadale part pour aller à la découverte d'un ours; il n'a pour armes que fon fufil, efpèce de carabine dont la croffe eft très-mince, plus, une lance ou épieu, & fon couteau. Toutes fes provifions fe bornent à un petit paquet,

1787,
Décembre.
A Bolcheretsk.

contenant une vingtaine de poissons sé-
chés. Dans ce leste équipage, il pénètre
dans l'épaisseur des bois & dans tous les
endroits qui peuvent servir de repaire
à l'animal. C'est pour l'ordinaire dans
les broussailles ou parmi les joncs, au
bord des lacs ou des rivières qu'il se
poste & l'attend avec constance & intrépidité; s'il le faut, il restera ainsi en
embuscade une semaine entière, jusqu'à
ce que l'ours vienne à paroître : dès
qu'il le voit à sa portée, il pose en terre
une fourche en bois qui tient à son
fusil *(z)*. A l'aide de cette fourche, le
coup-d'œil acquiert plus de justesse, & la
main plus d'assurance : il est rare qu'avec
une balle même assez petite, il ne touche
pas l'animal, soit à la tête, soit dans la
partie des épaules, son endroit sensible.
Mais il faut qu'il recharge dans la même

(z) Les Kamtschadales ne sauroient tirer sans ce
point d'appui; ce qui entraîne des préparatifs fort
longs, & évidemment contraires à la célérité qui
fait le plus grand avantage d'un chasseur.

minute, car l'ours, fi le premier coup ne l'a pas renverfé, accourt *(a)* auffitôt pour fe jeter fur le chaffeur, qui n'a pas toujours le temps de lui en tirer un fecond. Il a recours alors à fa lance dont il s'arme à la hâte pour fe défendre contre l'animal furieux qui l'attaque à fon tour. Sa vie eft en danger *(b)*, s'il ne porte pas à l'ours un coup mortel; & l'on conçoit que, dans ces combats, l'homme n'eft pas conftamment le vainqueur; cela n'empêche pas les habitans de ces contrées de s'y expofer prefque journellement : ils ont

1787,
Décembre.
A Bolcheretsk.

(a) Il eft affez commun de le voir auffi prendre la fuite, malgré fa bleffure qu'il va cacher dans les buiffons ou dans les marais ; c'eft - là qu'en fuivant la trace de fon fang, on le retrouve ou mort ou expirant.

(b) On m'affura que l'ours quand il triomphe de fon agreffeur, lui déchire la peau du crâne, lui en couvre le vifage & fe retire. Suivant les Kamtfchadales, la vengeance de cet animal indique qu'il ne peut foutenir le regard de l'homme; ce préjugé bizarre entretient parmi eux l'opinion de leur fupériorité, & me femble donner la raifon de leur courage.

en vain fous les yeux les exemples fréquens de leurs compatriotes, qui y périf-
fent; ils ne peuvent d'ailleurs partir pour
cette chaffe, fans penfer qu'il leur faudra
vaincre ou mourir; & jamais l'idée de
cette dure alternative ne les intimide ni
ne les arrête *(c)*.

Chaffes.

Ils chaffent à peu-près de même les
autres animaux, tels que les rennes, les
argalis ou béliers fauvages, appelés en
Ruffe *diki-barani*, les renards, les loutres,
les caftors, les martres zibelines, les

(c) Ils entreprennent cette chaffe dans toutes les
faifons de l'année, excepté lorfque la neige couvre
les campagnes; ils ont alors une autre manière de
pourfuivre l'ours. On fait que l'hiver il fe retire
dans la tanière qu'il s'eft fabriquée pendant l'automne avec des branchages; il y paffe le temps des
frimats à dormir ou à lécher fa patte; c'eft-là que
les Kamtfchadales vont, fur leurs traîneaux, l'attaquer avec le fecours de leurs chiens, qui l'affaillent
& le contraignent à fonger à fa défenfe : il s'élance
de fon repaire & court à une mort à peu-près certaine;
s'il refufe de fortir, il la trouve également fous les
débris de fa tanière où il eft affommé.

lièvres *(d)* &c. mais jamais ils n'ont les mêmes rifques à courir; tantôt ils fe fervent de piéges, faits en bois ou en fer, moins grands que ceux qu'ils tendent aux ours, & reffemblant, pour la fimplicité du mécanifme, à nos traquenards; l'unique foin à prendre eft de les vifiter de temps en temps : tantôt ils vont à l'affût, armés, comme je l'ai dit; & la feule peine qu'ils aient à éprouver, provient de la durée de leur chaffe, lorfqu'ils ont épuifé leurs vivres. Souvent ils fe réfignent à fouffrir de la faim pendant plufieurs jours de fuite, plutôt que de quitter la place fans avoir tué & pris l'animal qu'ils pourfuivent : mais ils fe dédommagent amplement de ces jeûnes, en mangeant, fur lés lieux, le produit de leurs chaffes *(e),* & en comptant avec joie les peaux qu'elles leur procurent.

1787,
Décembre.
A Bolcheretsk.

(d) On a vu dans Cook la defcription de ces divers animaux.

(e) Ils trouvent très-bonne la chair de l'ours, des argalis & des rennes, cette dernière fur-tout; elle a fait parfois mon plus grand régal.

1787,
Décembre.
A Bolcheretsk.

Ils choisissent, pour chasser ces animaux qui abondent au Kamtschatka, les saisons où leur poil est le plus beau. Au commencement de l'hiver on chasse les martres zibelines; elles habitent pour l'ordinaire les arbes: on les distingue par la partie du poil la plus près de leur peau, qui a la couleur & le nom de ceux sur lesquels elles se plaisent davantage, comme bouleau, sapin, &c.

L'automne, l'hiver & le printemps sont les saisons les plus favorables pour la chasse des renards; on en distingue quatre espèces différentes: 1.º le renard d'un roux - blanc qu'on estime le moins; 2.º le renard rouge ou d'un beau roux; 3.º le renard mêlé de roux, de noir & de gris, qui s'appelle *sévadouschka*; 4.º le renard noir qui est le plus rare, & celui dont on fait le plus de cas; sa couleur est vraiment d'un noir foncé: on remarque seulement que les poils du dos qui sont les plus longs, ont quelquefois à l'extrémité une teinte grisâtre; il y en a qui sont sans prix. Enfin, je crois qu'on pourroit encore compter deux autres efpèces de renards, qu'on ne regarde pas ici comme tels, & que nous appelons renard bleu & renard blanc. Leurs noms en Rufle font *golouboy, peſſets* & *beloy-peſſets;* leur poil eſt plus épais que celui des autres. En général, les renards du continent font plus beaux que ceux qu'on va chaffer dans les différentes îles de l'eſt *(f);* ils fe vendent infiniment plus cher.

La chaffe des rennes s'entreprend dans l'hiver, & celle des argalis dans l'automne. Les loutres font ici extrêmement rares, mais il y a une affez grande quantité d'hermines, & je ne fais pourquoi on ne fe donne pas la peine de les chaffer; il paroîtroit qu'on n'en fait aucun cas.

Ces peuples font auffi leurs pêches en différentes faifons: celle du faumon & des truites a lieu en juin; celle du hareng en avril & mai; enfin, celle du loup marin

1787,
Décembre.
A Bolcheretsk.

Pêches.

(f) Ce font les îles Aleutiennes, Schoumagines, celles des Renards & autres.

1787,
Décembre.
A Bolcheretsk.

dans l'été, le printemps & fur-tout l'automne.

Ils fe fervent rarement de feines & prefque toujours de filets ordinaires *(g)*, ou d'une efpèce de harpon dont ils font ufage avec beaucoup d'adreffe. Les feines ne fe jettent guère que pour prendre les loups marins; elles font faites de lanières de cuir, & les mailles en font fort ouvertes. Ils ont encore une autre manière de pêcher, c'eft en murant la rivière avec des poteaux & des branchages qui, très-ferrés, n'offrent au poiffon qu'un paffage étroit; fouvent on lui en laiffe plufieurs,

---

(g) Leurs filets font de ficelle comme les nôtres; ils l'achettent des Ruffes, & en font eux-mêmes avec de l'ortie dont ils ont foin de faire des amas confidérables. Ils la recueillent en automne, la lient par paquets, & la mettent fécher fous leurs balagans; dès que leurs pêches & les récoltes de fruits font achevées, ils travaillent à fa préparation; ils la partagent en deux, puis en ôtent très-adroitement la pellicule avec les dents; le refte eft battu & fecoué jufqu'à ce que le filament fe nettoie & devienne propre au filage.

à l'ouverture

à l'ouverture defquels font placés des pa-
niers difpofés de façon que le poiffon
une fois entré n'en peut plus fortir.

Les chevaux font peu communs au
Kamtfchatka : j'en vis quelques-uns à Bolcheretsk qui appartiennent au gouvernement, & qui font confiés aux foins des
Cofaques ; ils ne fervent que pendant l'été
pour le charroi des marchandifes & effets
de la couronne, & pour la commodité
des voyageurs.

En revanche, les chiens abondent en
ce pays, & fuffifent à tous les tranfports ;
l'utilité dont ils font aux Kamtfchadales,
leur rend moins fenfible la privation des
autres animaux domeftiques : d'ailleurs
on a vu que la nourriture de ces courfiers n'eft ni embarraffante ni difpen-
dieufe ; avec du poiffon pourri ou des
reftes de poiffon féché, leurs maîtres en
font quittes ; encore ne fe chargent-ils
de les nourrir ainfi, que pendant le temps
qu'ils leur font néceffaires. En été, qui
eft la faifon de leur inaction, il eft d'ufage

1767,
Décembre.
A Bolcheretsk.

Les chevaux
font rares.

Les chiens.

d'en lâcher une grande partie, à laquelle on remet le soin de sa subsistance; ces chiens savent très-bien y pourvoir, en se répandant dans les campagnes & en rôdant le long des lacs & des rivières : leur exactitude à revenir ensuite chez leurs maîtres, est une des preuves les plus étonnantes de la fidélité de ces animaux. L'hiver arrive, & ils payent chèrement la liberté & le repos momentannés dont ils ont joui. Leurs travaux recommencent avec leur esclavage; il faut que ces chiens soient d'une vigueur extrême pour les soutenir : leur grosseur cependant n'est pas extraordinaire; ils ressemblent assez parfaitement à nos chiens de montagne, ou à ceux de nos bergers. Il n'est point d'habitans Russes ou indigènes qui n'aient au moins cinq chiens; ils s'en servent pour voyager, pour aller dans les forêts couper du bois, pour le transporter ainsi que leurs autres effets ou provisions; enfin, pour mener les voyageurs d'un endroit à un autre; & en vérité, des chevaux ne leur rendroient pas plus de service. Ces chiens font ordinairement attelés à un traîneau deux à deux *(h)* : un seul est à la tête & sert de guide ; c'est au mieux dressé ou au plus intelligent qu'est réservé cet honneur ; il comprend à merveille les termes avec lesquels le conducteur dirige leur marche : veut-il les faire aller à droite, il leur crie *tagtag, tagtag,* & *kougha, kougha* s'il faut aller à gauche ; le chien savant l'entend aussitôt, & donne à ceux qui le suivent l'exemple de l'obéissance : *ah, ah* les arrête, & *ha* les fait partir. Le nombre des chiens attelés est proportionné à la charge du traîneau ; lorsqu'elle n'excède

(h) Ils subissent comme les chevaux la castration, mais d'une manière différente : on n'extirpe point, on brise, & l'on se sert des dents pour cette opération ; il en périt quelques-uns, d'autres en restent estropiés & hors d'état de servir. Cependant on conçoit qu'il seroit impossible de faire autant d'usage de ces chiens s'ils étoient entiers ; on ne pourroit les atteler avec leurs femelles : mais on ne mutile pas tous les mâles ; on en garde un certain nombre pour la conservation de l'espèce, & assez souvent on s'en sert pour les chasses.

H ij

1787,
Décembre.
A Bolcheretsk.

1787,
Décembre.
A Bolcheretsk.

pas de beaucoup la pefanteur de l'homme qui le monte, c'eft ce qu'on appelle un traîneau ordinaire ou *fannka (i)*; l'atte-lage alors eft de quatre ou cinq chiens. Leur harnois *(k)* eft en cuir; il paffe au-deffous du cou, c'eft-à-dire, fur le poi-trail de ces courfiers, & tient au traîneau par une courroie longue de trois pieds en guife de trait : on les attache en outre par couples au collier les uns des autres; le plus fouvent ce collier eft recouvert d'un autre de peau d'ours, ce qui eft un ornement.

Traîneaux. La forme du traîneau eft celle d'une corbeille alongée, dont les deux extré-mités s'élèvent en fe cintrant; fa longueur eft d'environ trois pieds , & fa largeur n'a guère plus d'un pied. Cette efpèce de corbeille qui fait le corps du traîneau, eft d'un bois très-mince; les bords en

(i) Les traîneaux fur lefquels on charge les bagages fe nomment *narta ;* ils font attelés de dix chiens.

(k) Ces harnois Kamtfchadales s'appellent *alaki.*

font évafés & garnis de courroies de différentes couleurs : une peau d'ours s'étend
fur l'endroit où l'homme s'affèoit. Cette
partie fupérieure du traîneau eft élevée
à environ trois pieds de terre , & porte
fur quatre jambes; celles-ci s'écartent vers
le bas, & font fixées fur deux planches
parallèles, larges de trois à quatre pouces.
Ces planches ont très - peu d'épaiffeur ;
dans leur longueur elles excèdent le
corps du traîneau ; elles lui fervent
l'une & l'autre de points d'appui &
de patins; à cet effet, elles font garnies,
chacune en-deffous dans le temps du dégel,
de trois à quatre lames d'os de baleine
de la même largeur, adaptées à ces patins
avec des bandes de cuir. Les deux bouts
que ces planches préfentent en avant ,
fe recourbent en-deffus, & vont joindre
de chaque côté la traverfe qui s'abaiffe
en même temps pour foutenir une partie
du bagage ; le devant du traîneau eft
encore orné de rênes flottantes , ou lanières de cuir qui ne font d'aucun ufage.

H iij

1787 ,
Décembre.
A Bolcheretskï

Le conducteur ne tient en sa main qu'un bâton arqué, qui est tout à la fois ses guides & son fouet. A l'un des bouts de ce bâton sont suspendus des anneaux de fer, autant par ornement que pour animer les chiens par le bruit de ces espèces de grelots que l'on agite de temps en temps; l'autre bout est quelquefois armé d'un fer pointu, afin d'avoir plus de prise sur la glace & la neige; il sert aussi à guider l'ardeur de ces animaux. Ceux qui sont bien dressés n'ont pas besoin d'entendre la voix; il suffit de frapper de ce bâton sur la neige pour les faire aller à gauche, ou sur les jambes du traîneau pour les faire aller à droite, & pour les arrêter, on le pose en avant entre le traîneau & la neige; enfin si leur train se ralentit, s'ils deviennent distraits & inattentifs aux signaux ou à la voix, on les corrige en leur jetant ce bâton *(1)*; mais alors il faut la plus grande adresse

---

(1) Ce bâton se nomme *ofchtol.*

pour le ramasser, malgré la rapidité de
la course, & c'est-là une des principales
preuves de l'habileté du conducteur : les
Kamtschadales font singulièrement adroits
à cet exercice. En général, je fus étonné
de leur dextérité à mener leurs traîneaux ;
& comme il étoit dit que je serois bientôt trop heureux de profiter de cette
voiture, je crus devoir en faire souvent
l'essai, moins pour m'y accoutumer, que
pour apprendre à me conduire moi-
même. On eut beau me représenter les
dangers auxquels je m'exposois en voulant me hazarder seul sur un traîneau,
avant d'avoir acquis assez d'habitude pour
pouvoir me passer d'un guide ; à mon
âge on ne doute de rien, je n'écoutai
aucune observation. La légèreté de la
voiture pesant à peine dix livres, son
élévation qui la rend plus sujette à verser,
la difficulté d'y garder l'équilibre, enfin
les suites que peut avoir une chute
lorsqu'on quitte le traîneau *(m);* toutes

1787,
Décembre.
A Bolcheretsk.

_(m)_ Les chiens ne sentant plus le même poids,

ces confidérations qu'on ne manqua pas de me mettre fous les yeux, ne purent m'intimider ni me dégoûter d'un apprentiffage auffi dangereux. Je m'élançai un jour fur mon nouveau char, confentant toutefois à être fuivi, & plufieurs traîneaux m'accompagnèrent. Ceux qui les montoient, n'attendirent pas long-temps pour me voir réalifer leurs prédictions; je leur donnai à très-peu de diftance le fpectacle d'une culbute complette; à peine relevé, nouvelle chute & nouveaux éclats de rire : malgré cela, je ne perdis pas courage, & me ramaffai promptement pour verfer une minute après. J'eus tout lieu de m'aguerrir contre ce défagrément, car à diverfes reprifes je payai le tribut de mon inexpérience; je tombai fept fois pour ce premier coup d'effai, mais fans me faire jamais aucun mal : je n'en revins que plus empreffé de prendre une

---

s'emportent au point qu'ils ne s'arrêtent quelquefois qu'après avoir brifé le traîneau contre des arbres, ou après s'être épuifés de fatigues.

feconde leçon, puis une troifième, puis
une quatrième; enfin je ne paffai guère
de jours fans faire quelque courfe. Le
nombre de mes chutes diminua, à mefure
que j'acquérois plus d'habitude & de favoir, & mes fuccès me rendirent fi ama-
teur de cet exercice, qu'en peu de temps
je me fis une forte de réputation; j'avoue
qu'il m'a fallu du travail pour m'habituer
à conferver l'aplomb néceffaire. Il faut
être pour ainfi dire dans un mouvement continuel; ici fe jeter fur la gauche
quand le traîneau incline vers la droite;
là fe reporter bien vîte fur la droite
parce qu'il penche vers la gauche; puis
enfin fe lever tout droit en d'autres cas,
& fi l'on manque de promptitude ou
d'attention, il eft rare qu'on ne foit pas
auffitôt renverfé : en tombant, il faut
encore ne pas abandonner le traîneau,
mais s'y accrocher de fon mieux, afin
de faire un poids fuffifant pour arrêter
les chiens qui fans cela s'emporteroient
comme je l'ai dit. La manière la plus

1787,
Décembre.
A Bolcheretsk.

1787,
Décembre.
A Bolcheretsk.

uſitée de ſe placer ſur un traîneau, eſt de s'y aſſeoir de côté, ainſi que nos dames font à cheval; on peut auſſi s'y mettre à califourchon; mais le tour de force, le *nec plus ultrà* de l'adreſſe & de la grâce, c'eſt de ſavoir ſe tenir debout ſur une ſeule jambe; il fait beau voir les experts, dans ces brillantes attitudes.

Manière de
chaſſer le lièvre
& la perdrix.

Pour moi, dès que je fus en état de me conduire, je n'eus plus d'autre voiture; étant toujours accompagné, à cauſe des chemins, j'allois tantôt me promener, tantôt chaſſer le lièvre & la perdrix dont nous voyons les traces empreintes ſur la neige *(n)*, & en ſi grande quantité, qu'elle en paroiſſoit picotée comme un crible: dans les bois, elle avoit parfois tant

---

(n) Les premières neiges tombèrent à Bolcheretsk le 5 novembre; elles furent ſi abondantes, qu'elles couvrirent auſſitôt les campagnes; mais les gelées ayant été plus tardives, & les coups de vent s'étant ſuccédé preſque ſans aucun intervalle, le traînage n'a pu s'établir parfaitement qu'aſſez long-temps après, ainſi qu'on le verra plus bas.

d'épaiffeur, qu'il eût été impoffible de faire un pas fans enfoncer; notre reffource alors étoit de quitter nos traîneaux dont nous ne pouvions plus nous fervir, & nous les mettions fur le côté. Après avoir pris cette précaution qui fuffit pour retenir les chiens, lefquels fe couchent auffitôt en peloton fur la neige, & y attendent, fans bouger, le retour de leurs guides, nous nous attachions fous les pieds avec des courroies, des raquettes de planches très-minces *(o)*, larges chacune de fix à huit pouces, & longues de trois à quatre pieds, dont le bout étoit recourbé en forme de patins, & le deffous garni de peau de loup marin ou de pied de renne. Munis de cette chauffure, nous commen-

1787,
Décembre.
A Bolcheretsk.

(o) Ces raquettes font appelées dans le pays *ligi.* Dans la partie feptentrionale de la prefqu'île, on fe fert d'une autre efpèce de raquettes appelées *lapki;* celles - ci font moins longues, & faites de bandes de cuir entrelacées, comme la ficelle de nos raquettes de paume; on y adapte en deffous deux petits os pointus qui entrent dans la neige & empêchent de gliffer.

cions notre chaſſe; j'eus encore aſſez de peine dans les premiers temps à m'accoutumer à ces patins, je gliſſai plus d'une fois ſur le dos & ſur le nez; mais le plaiſir d'une bonne chaſſe me faiſoit oublier ces accidens. Quoiqu'il fût difficile de découvrir les lièvres & les perdrix, dont la blancheur égale celle de la neige, je ne manquois guère, grâce à l'habitude & aux avis de mes compagnons, d'en rapporter bon nombre.

Ce fut un de mes paſſe-temps les plus agréables à Bolcheretsk ; le reſte de mes momens étoit employé à gémir, à m'impatienter de la longueur forcée de mon ſéjour. Pour me diſtraire, je m'empreſſai de ſaiſir le peu de beaux jours que nous eûmes pour viſiter quelques environs que j'ai revus depuis à mon départ, & dont je parlerai en reprenant ma route. La conſtruction de mes traîneaux de voyage *(p)* ne laiſſa pas auſſi de m'occuper,

---

(p) Eſpèce de carroſſe fermé où l'on peut ſe tenir

mais ma principale confolation fut la
fociété de M. Kafloff & des officiers de
fa fuite ; leurs converfations & des remarques que je fis fucceffivement, me
mirent chaque jour à même de prendre
des notes dont j'ai déjà tranfcrit une
grande partie, & vais donner ici la fuite.

L'article des maladies qui règnent au
Kamtfchatka fe préfente le premier : quelques détails défagréables qu'il exige, je ne
penfe pas devoir le fupprimer ; il a fait
partie de mes obfervations, il doit donc
trouver fa place dans mon journal.

Maladies.

La petite vérole dont j'ai annoncé
les ravages en ce pays, n'y paroît point
être indigène ; elle n'y eft pas non
plus fort ordinaire. Depuis l'invafion
des Ruffes & les fréquentes émigrations
qui l'ont fuivie, cette épidémie ne s'y

----

couché, & qui s'adapte à un traîneau ; c'eft ce
genre de voiture qu'on nomme *verock* en Ruffie,
où elles font fort communes : la mienne étoit
garnie de peaux d'ours en dedans , & en dehors
de peaux de loups marins.

est montrée qu'en 1767 & 1768 ; elle y fut alors apportée par un bâtiment Russe allant aux îles de l'est pour les chasses de loutres, de renards, &c. Le sujet, porteur de ce germe fatal, étoit un matelot venant d'Okotsk, où il s'étoit fait traiter avant son départ; il avoit encore, à ce qu'on dit, les marques récentes de cette cruelle maladie : à peine débarqué, il la communiqua aux pauvres Kamtschadales, dont elle enleva les trois quarts; elle n'a point reparu depuis, ce qui fait présumer que ces peuples n'y sont point sujets. En l'année 1720, elle affligea ceux qui sont au nord du Kamtschatka, mais elle ne parvint pas jusque dans cette péninsule; elle avoit commencé à Anadirskoi, & l'on ignore qui l'y porta; on est tenté d'en accuser pareillement les Russes.

On pourroit soupçonner que les Kamtschadales leur doivent aussi la connoissance du mal vénérien, qui heureusement n'est pas commun chez eux; il paroît que ce fléau est exotique : la guérison en est aussi

rare que difficile; on a recours à différentes racines & au fublimé, qui produit
en ce pays, comme par-tout, des fuites
funeftes, y étant encore plus mal admi-
niftré qu'ailleurs.

Il n'y a point de boffus ni de boiteux
de naiffance; les feuls individus contre-
faits font ceux qui font des chutes confidérables, ce qui n'eft pas rare parmi les
Kamtfchadales, qui font expofés à tomber du haut de leurs balagans. Ils font
peu fujets au fcorbut; l'ufage qu'ils font
de l'ail fauvage & de différentes efpèces
de baies ou fruits, contribue à les en
préferver; les Ruffes & les nouveaux
débarqués font plus fouvent atteints de
cette maladie.

Les pulmonies y font affez fréquentes;
mais les clous, tumeurs, abcès & loupes
font les maux les plus ordinaires: on ne
fait les guérir que par les incifions &
les extirpations; on fe fert pour ces opérations, d'un couteau, ou tout fimple-
ment d'une pierre aiguifée qui fupplée à

1788,
Janvier.
A Bolcheretsk.

1787,
Janvier.
A Bolcheretsk.

la lancette. De pareils inftrumens ne doivent pas donner une haute opinion du favoir des opérateurs, & il eft aifé de voir que l'art de la chirurgie, fi perfectionné chez nous, eft encore dans la plus grande barbarie au Kamtfchatka.

Médecins
forciers.

La médecine ne paroît pas y avoir fait plus de progrès ; à fon égard cependant il faut convenir que ces peuples ont déjà gagné quelque chofe, c'eft d'avoir appris à fe défier de leurs fourbes & ridicules empiriques. C'étoient autrefois de foi - difant forciers appelés *Chamans*, qui profitant de la crédulité des Kamtfchadales, s'érigeoient de plus en docteurs en médecine, & s'affuroient ainfi de doubles droits à la vénération & à la confiance *(q)*. Leur accoutrement bizarre contribuoit encore à en impofer, & s'accordoit merveilleufement avec leurs

---

(q) J'ai eu depuis dans un oftrog, à quelque diftance de Bolcheretsk, occafion de prendre à leur fujet des renfeignemens plus détaillés, que l'on trouvera à mon féjour en ce village.

extravagantes

extravagantes momeries : ce qu'on m'en a dit passeroit toute croyance, si nous ne connoissions pas les Bohémiens & autres sorciers de cette espèce. On ne se fait pas d'idée des singeries de ces faux médecins, ni des impertinences qu'ils débitoient pour assaisonner leurs ordonnances ou leurs prétendues révélations. Il est probable que leurs cures avoient souvent de fâcheuses issues, & que le nombre de leurs victimes égaloit celui de leurs malades ; mais à la longue on s'ennuie d'être dupe, sur-tout au péril de la vie ; on commence par murmurer contre les imposteurs qui perdent insensiblement leur crédit, & finissent par tomber dans le mépris & dans l'oubli. C'est ce qui est arrivé aux Chamans ; le peu de lumière que le commerce des Russes a répandu dans ces contrées, a suffi pour dessiller les yeux des habitans. Ils ont aussitôt reconnu l'absurdité de l'art magique de leurs docteurs ; dès qu'il cessa d'être respecté, il devint bien moins lucratif, & les profits

1788,
Janvier.
A Bolcheretsk.

diminuant, le nombre des forciers ne tarda pas à décroître. Les hommes dégoûtés du métier l'abandonnèrent; ils furent remplacés par quelques vieilles femmes qui fans doute font moins habiles, & par conféquent peu achalandées *(r)*.

Forte complexion des femmes.

Les femmes en ce pays ont rarement plus de dix enfans, leur taux ordinaire eft quatre ou cinq; à quarante ans elles

---

(r) La révolution qui s'eft opérée au Kamtfchatka pour les Chamans, n'eft-elle pas abfolument l'hiftoire de tous nos charlatans! mêmes fourberies à peu-près, même règne & même chute. Quelles réflexions on pourroit encore faire à ce fujet! par exemple que des peuples auffi fimples qu'ignorans, tels que les Kamtfchadales, aient été quelque temps dupes des impoftures de leurs forciers, il n'y a rien d'étonnant, & ils font bien excufables : mais avec tant d'impéritie & de crédulité, d'être revenus de leur erreur & d'en rougir, c'eft de quoi, ce me femble, il faut être furpris & les féliciter; car enfin, chez les nations de l'Europe les plus éclairées, ne voit-on pas paroître chaque jour des efpèces de Chamans auffi perfides, auffi dangereux! Tous ont cependant leurs apôtres, leurs profélytes & un nombre prodigieux de martyrs.

perdent l'efpérance d'en avoir. Elles ac-
couchent avec beaucoup de facilité, &
fe prêtent fecours entr'elles pour fe délivrer; il y a cependant quelques fages-
femmes, mais en petit nombre. Les accidens, les couches malheureufes qui emportent tant de mères, y font bien moins
communs que les exemples d'accouche-
mens fubits en plein air, dans les chemins,
par-tout où les travaux de leur ménage
appellent ces femmes. C'eft vraifemblable-
ment dans ces occafions qu'elles fe fervent
de leurs cheveux, m'a-t-on dit, pour
faire la ligature du cordon ombilical ;
elles rapportent enfuite elles-mêmes leur
enfant, & fe mettent fur le champ à
l'allaiter. Le temps qu'elles le nourriffent
eft illimité. J'ai vu des mères donner à
teter à des enfans de quatre & cinq ans:
qu'on juge d'après cela de la forte complexion de ces femmes. On remarque
néanmoins que les Kamtfchadales des deux
fexes, ne vivent pas plus long-temps que
les Ruffes.

1788,
Janvier.
A Bolcheretsk.

1788,
Janvier.

A Bolcheretsk.

Remède dû
à l'ours.

J'ai oublié de parler d'un remède dont les habitans de cette péninsule se servent volontiers & dans presque toutes leurs maladies. C'est une racine appelée *racine de l'ours*, infusée dans de l'eau-de-vie; le nom que ces peuples ont donné à cette plante, indique assez à qui ils en doivent la connoissance. Après avoir observé que l'ours avoit coutume de manger de préférence de cette herbe, & de se vautrer dessus lorsqu'il étoit blessé, ils se sont douté qu'elle pouvoit avoir quelque propriété, & dès-lors ils se sont décidés à en faire usage. Il ne manquoit plus à cet animal que de leur donner les premières leçons de botanique & de pharmacie. Au surplus, on m'a dit qu'avec cette racine, l'ours guérissoit toutes ses plaies : il est possible que l'homme s'en trouve aussi très-bien; mais je n'ai pas été dans le cas d'en faire l'essai moi-même, & je ne connois pas autrement cette plante.

Religion.

La religion chrétienne a été apportée par les Russes au Kamtschatka; mais les habitans de cette péninfule ne font, à proprement parler, que baptifés; ils font loin de remplir les devoirs que ce facrement leur impofe. Savent-ils feulement en quoi confiftent les premiers préceptes du chriftianifme? j'en doute; livrés à tous leurs penchans, ils en fuivent l'impulfion bonne ou mauvaife; s'ils fe fouviennent de la religion, c'eft uniquement par un motif de convenance ou d'intérêt, ou bien lorfque les circonftances les y ramènent : cela prouve chez ces peuples un grand défaut d'inftruction, & l'on ne peut, ce me femble, en accufer que leurs prêtres qui devroient éclairer leur ignorance. Mais ces prêtres ou miffionnaires ont-ils les lumières fuffifantes? il eft vrai qu'ils ne font pas à portée de faire des études profondes, & probablement on ne les exige pas, puifqu'il eft affez commun de voir même des Kamtfchadales admis à cet état augufte.

Tous ces popes font foumis à l'autorité du protapope ou archiprêtre réfidant à

1788,
Janvier.
A Bolcheretsk.

1788,
Janvier.
A Bolcheretsk.

Nijenei; il relève lui-même de l'archevêque d'Irkoutsk, qui seul les ordonne & confère les pouvoirs, de sorte que les clercs sont tous obligés de se rendre en cette ville. Peut-être la longueur & les dangers de la route leur sont-ils comptés pour une espèce de séminaire ; peut-être sans autre mérite ni examen reçoivent-ils les ordres sacrés : ce qu'il y a de certain, c'est qu'ils n'en reviennent ni meilleurs ni plus instruits. Ces ecclésiastiques sont ensuite envoyés à leur destination particulière ; le temps qu'ils y restent est illimité, & dépend absolument de la volonté de leurs chefs.

Églises.

On compte huit églises principales au Kamtschatka, Paratounka, Bolcheretsk, Jchinsk, Tiguil, Vercknei, Klutchefskaia, & deux à Nijenei ; on pourroit même y ajouter celle d'Ingiga dans le pays des Koriaques.

Sept ostrogs & les îles Kouriles composent le district ou la paroisse de Paratounka ; savoir, le village de ce nom,

Saint-Pierre & Saint-Paul, Koriaki, Natchikin, Apatchin, Malkin & Bolcheretsk. Le nombre de paroiffiens contenus en ces oftrogs, n'excède pas quatre cents; & en y comprenant les îles Kouriles, le dénombrement général ne monte qu'à fix cents vingt chrétiens. L'Impératrice accorde au curé de Paratounka quatre-vingts roubles d'appointemens, à quoi elle fait ajouter vingt *pouds (ſ)* de farine de feigle. Ses paroiffiens ne lui payent en conféquence aucune dixme; mais il reçoit les aumônes & autres émolumens cafuels attachés à fon églife. Pour un mariage, un baptême ou un enterrement, ces pafteurs demandent tout l'argent ou tels objets qu'il leur plaît d'exiger. Rien n'eft réglé à cet égard, & ils n'ont d'autre arbitre que leur propre volonté, ce qui eft fufceptible des plus grands abus. Pour l'ordinaire cependant, ils veulent bien

1788,
Janvier.
A Bolcheretsk.

(ſ) Poids Ruffe équivalant à un peu plus de trente-trois livres de France.

mesurer leurs demandes aux facultés de leurs paroissiens, & on doit leur savoir gré de cette sorte de retenue.

Les Kamtschadales sont libres; ils ne sont assujettis qu'à payer à la Russie un tribut annuel, qui consiste, comme je l'ai dit, en fourrures de toute espèce, de sorte que le produit de leurs chasses, tourne presqu'entièrement au profit de l'Impératrice. Chaque chef de famille est obligé de fournir pour lui, & pour chacun de ses enfans, même pour ceux en bas âge, une certaine quantité de pelleteries équivalante à la quotité de son imposition : or celle-ci peut monter à environ sept roubles, plus ou moins, & l'on m'a dit que l'évaluation de ces fourrures se fait toujours au plus bas prix possible. Cette manière de payer la capitation au Kamtschatka, doit être d'un grand rapport à la couronne, à en juger seulement par les martres zibelines que fournit annuellement cette province, & dont le nombre est porté à plus de quatre mille. Chaque

toyon perçoit les impôts dans fon oftrog,
& les remet enfuite au tréforier de la
couronne; mais préalablement il eft donné
un reçu du montant de fa capitation à
chaque Kamtfchadale, qui a foin de marquer de fon cachet ou d'un figne quelconque toutes les fourrures qu'il livre.

Les monnoies ayant cours, font l'im-
périale en or, valant dix roubles, le rouble
& le demi-rouble; on ne voit que très-
peu de monnoies d'argent au-deffous de
cette valeur; celle de cuivre ni celle en
papier ne font point encore parvenues
dans cette péninfule : ne feroit-ce pas
une preuve que la marchandife la moins
chère doit s'y vendre un demi-rouble?
On trouve ici une grande quantité d'anciennes efpèces en argent du temps de
Pierre I.er, de Catherine I.re & d'Élifabeth;
on pourroit même en faire une branche
de commerce ; l'argent en eft plus pur &
à un taux fupérieur aux monnoies communes.

La paye des foldats ou Cofaques eft de

1788 ,
Janvier.
A Bolcheretsk.

Monnoies.

Paye des fol-
dats.

1788 ,
Janvier.
A Bolcheretsk.

Adminiftra-
tion.

quinze roubles par an ; quant aux officiers que le gouvernement envoie dans des pays fi éloignés, ils reçoivent doubles appointemens.

La prefqu'île du Kamtfchatka, lorfque M. le major Behm commandoit à Bolche-retsk, reffortiffoit directement au gouvernement général d'Irkoutsk. Au départ de ce commandant que les Anglois virent leur premier attérage en 1779, M. le çapitaine Schmaleff fut chargé par *interim* de ce commandement ; il a joui pendant un an du pouvoir & du plaifir de faire du bien aux habitans, qui ont pour lui autant de refpect que de reconnoiffance. M. Rénikin vint le remplacer en 1780 ; il fut rappelé en 1784 par des ordres fupérieurs, & pour des caufes que je fuis obligé de taire. A cette époque, le département du Kamtf-chatka fut réuni à celui d'Okotsk. Depuis lors, les chefs & officiers des différens oftrogs, villes ou villages de cette péninfule, font foumis aux ordres du commandant à Okotsk & aux décifions des tribunaux de cette ville ; ceux-ci font eux-mêmes fubordonnés & rendent compte au gouverneur général réfidant à Irkoutsk. L'officier qui commande à Bolcheretsk, autrefois le chef-lieu du Kamtfchatka, n'eft aujourd'hui qu'un fimple fergent ; celui que j'y laiffai s'appeloit *Raflargouieff;* il fut nommé à cette place par M. Kafloff.

J'obferverai que les commandans dans ces divers oftrogs, même les officiers d'un grade inférieur envers leurs fupérieurs, ne fe doivent mutuellement aucun compte de leur adminiftration ; auffi l'autorité de chacun ne s'étend-elle que fur les habitans des lieux de fa dépendance : c'eft ce qui a porté fans doute l'Impératrice à nommer un *capitan ifpravnick*, capitaine infpecteur, chargé de parcourir chaque année tous les oftrogs des Kamtfchadales, pour recevoir leurs plaintes, examiner leurs différends, les juger, faire punir ceux qui le méritent ; en un mot, pour maintenir l'ordre & la paix parmi eux. Il entre encore dans fes fonctions d'encourager le commerce,

la chasse & la pêche, de veiller au paye-
ment exact des tributs, aux approvisionnemens à faire par chaque particulier
pour sa nourriture & celle de sa famille,
aux réparations des ponts & des chemins,
qui malheureusement sont aussi peu nombreux que mal entretenus. Enfin, ce capitan ispravnick doit s'attacher en tout
à introduire parmi ces peuples les mœurs
& les usages des Russes. Cette place importante fut confiée, en 1784, à M. le
baron de Steinheil, qui établit sa résidence à Nijenei. Des affaires l'ayant appelé ailleurs, il fut remplacé, à mon
arrivée au Kamtschatka, par M. Schmaleff,
qui faisoit alors, en nous accompagnant,
la visite de son département.

Tribunaux.   L'administration n'est pas purement mi-
litaire; il y a quelques tribunaux établis
pour instruire juridiquement les procès
& autres affaires, & pour les juger; tels
sont ceux de Tiguil, Ingiga & Nijenei-
Kamtschatka : ces tribunaux ressortissent à
celui d'Okotsk, ainsi qu'en Russie les jus-

tices des villes du second ordre relèvent de celles des capitales qui prononcent en dernier ressort. Il y a en outre à Bolcheretsk une espèce de juridiction consulaire ou tribunal vocal, appelé en Russe *Slo-vesnoi-soud;* les juges sont marchands, ils connoissent de toutes les contestations relatives au commerce, & leurs sentences sont confirmées ou cassées par le tribunal où les affaires sont portées par appel. Il suffit de dire qu'on y suit uniquement le code des loix Russes; celles-ci sont assez connues pour me dispenser d'entrer à leur égard dans de plus grands détails; je ne pourrois d'ailleurs que répéter ce qu'en ont rapporté divers historiens ou des observateurs beaucoup plus éclairés que moi.

Je crois cependant devoir ajouter que les biens des Kamtschadales retournent, à leur décès, sans difficultés, à leurs plus proches héritiers ou à ceux à qui il leur plaît de les léguer; les volontés des testateurs sont respectées & suivies à la lettre, comme elles pourroient l'être en Europe

1788,
Janvier.
A Bolcheretsk.

Usages pour
les successions.

chez les peuples les plus ſcrupuleux en matière de ſucceſſions.

Le divorce n'eſt ni uſité ni permis parmi les Kamtſchadales. Les Ruſſes paroiſſent rechercher volontiers leur alliance, quoiqu'elle ne leur procure aucun privilége particulier. On devine aiſément quel peut être leur motif; il rend ces mariages ſi fréquens, qu'il ne ſeroit pas impoſſible qu'avant la fin de la génération préſente, la race des naturels du pays ne fût entièrement détruite.

La peine de mort abolie dans tous les états de l'Impératrice, n'a de même jamais lieu au Kamtſchatka. Dans les premiers temps, des Ruſſes accuſés d'avoir vexé les Kamtſchadales, furent condamnés au knout; il y en eut auſſi parmi ces derniers, qui pour divers griefs ſubirent ce cruel ſupplice, mais aujourd'hui on n'y a plus recours; dès que ceux-ci font quelques fautes ou commettent quelques graves délits, on ſe contente de les battre. Ont-ils beaucoup gagné au change? la manière actuelle de les punir étant plus simple & plus expéditive, est sans doute employée plus volontiers, & doit être souvent abusive.

L'idiome Kamtschadale ma paru dur, guttural & très-difficile à prononcer ; les mots en sont entrecoupés & les sons désagréables. Il y a pour ainsi dire autant de dialectes & d'accens différens qu'il y a d'ostrogs. Par exemple, on est tout étonné, en sortant de Saint-Pierre & Saint-Paul, d'entendre à Paratounka un autre jargon ; il en est de même des villages les plus voisins les uns des autres. Malgré ces variations dans l'idiome, j'ai cru devoir m'attacher à m'en procurer un vocabulaire que je placerai à la fin de mon Journal. J'y joindrai celui des langues Tchouktchis, Koriaques & Lamoutes ; j'y ai donné tous mes soins, & l'on m'a fourni des secours qui m'ont été très-utiles. Je terminerai l'article de mon séjour à Bolcheretsk par diverses observations qui mettront à même de juger

1788, *Janvier.* A Bolcheretsk.

Idiome.

1788,
Janvier.
A Bolcheretsk.

Note fur le
climat.

de l'impoſſibilité où je me ſuis trouvé pendant tout ce temps de reprendre ma route.

Vers la fin de novembre, le froid ſe fit ſentir tout-à-coup ſi vivement, qu'en très-peu de jours toutes les rivières furent priſes, même la Bolchaïa-reka, ce que la rapidité extrême de ſon courant rend très-rare. Dès le lendemain elle ſe débarraſſa des glaçons qui la couvroient; je n'en ai revus depuis s'arrêter devant Bolcheretsk qu'à la hauteur de la maiſon du commandant. Quoique priſe en pluſieurs endroits, cette rivière préſente encore à cette époque grand nombre de lacunes, où l'on voit que ſes eaux ont leur cours ordinaire.

On remarque ſur chaque rivage de la péninſule, une différence ſenſible dans l'atmoſphère. Tandis que la ſéchereſſe a régné à Saint-Pierre & Saint-Paul pendant toute la belle ſaiſon, on ſe plaignoit à Bolcheretsk de pluies fréquentes; cependant il m'a paru qu'en général on n'avoit pas trouvé l'automne très-pluvieux cette année.

1788,
Janvier.
A Bolcheretsk.

année. Les pluies trop abondantes font nuisibles en ce pays, en ce qu'elles caufent des débordemens confidérables & chaffent le poiffon; d'où il réfulte que la famine vient affliger les pauvres Kamtfchadales, comme il eft arrivé l'année dernière dans tous les villages de la côte de l'oueft de la prefqu'île. Ce funefte fléau y régna fi généralement, qu'il força les habitans d'abandonner leurs demeures, & de fe tranfporter avec leurs familles fur les bords de la Kamtfchatka, dans l'efpoir d'y trouver plus de reffources, le poiffon étant plus commun dans cette rivière. M. Kafloff s'étoit propofé de reprendre fa route par la côte occidentale, ayant déjà parcouru celle de l'eft; mais la nouvelle de cette famine le détermina malgré lui à revenir fur fes pas, plutôt que de s'expofer à être arrêté, & peut-être à périr à moitié chemin, par la difficulté de fe procurer des chiens & des vivres fur la côte de l'oueft.

Le vent a extrêmement varié pendant mon féjour à Bolcheretsk; il a été le plus

1788,
Janvier.
A Bolcheretsk.

constamment ouest, nord-ouest & nord-est; quelquefois il a soufflé de la partie du sud, mais rarement de l'est. Les vents de sud & d'ouest ont presque toujours été accompagnés de neige; & il ne s'est guère passé de semaines, & cela jusqu'en janvier, sans que nous n'ayons vu s'élever deux ou trois tempêtes violentes; elles nous venoient pour l'ordinaire du nord-ouest : ces coups de vent ne duroient pas moins qu'un ou deux jours, & parfois sept ou huit. Il eût été alors de la dernière imprudence de nous hasarder à sortir; le ciel étoit couvert de toutes parts, & la neige soulevée par ces tourbillons, formoit en l'air un brouillard épais qui ne permettoit pas de voir à six pas. Malheur à tous voyageurs qui se trouvent en route par cet horrible temps! il faut forcément qu'ils s'arrêtent, ainsi que je l'ai dit, autrement ils risqueroient de se perdre, ou de tomber dans quelques abîmes ; car comment distinguer le chemin? comment le suivre quand on a à

lutter contre l'impétuosité du vent, &
qu'on peut à peine se dépêtrer des mon-
ceaux de neige qui tout-à-coup vous environnent? Si les hommes courent de si
grands dangers, qu'on juge de ce que
doivent souffrir les chiens. Rien de si
commun encore, lorsqu'on est surpris par
ces affreux ouragans, que de se séparer des
traîneaux de sa suite, & de se trouver à
deux verstes ou plus les uns des autres,
faisant route opposée *(t)*.

La fréquence de ces tempêtes, les accidens effrayans qui peuvent en être la
suite, nous firent sentir la nécessité de
différer notre départ. M. Kasloff avoit
autant de desir de se rendre à sa résidence,
que j'avois d'impatience de continuer
mon voyage pour remplir ma mission
avec la promptitude qui m'étoit recommandée; mais tous les avis que nous
prîmes condamnèrent notre empresse-

1787,
Janvier.
A Bolcheretsk.

Causes qui
ont nécessité la
longueur de
notre séjour à
Bolcheretsk.

(t) Ces ouragans règnent sur-tout pendant les
mois de novembre, décembre & janvier.

1787,
Janvier.

A Bolcheretsk.

ment, & l'on me prouva qu'il y auroit eu à moi de la témérité de partir, étant chargé de dépêches aussi importantes que celles qui m'étoient confiées. Cette réflexion me fit céder aux instances & aux conseils de M. Kasloff & des autres officiers de sa suite : ce commandant prévint mes vœux en me donnant un certificat signé de lui, qui justifioit la longueur de mon séjour à Bolcheretsk, par le détail des causes qui l'ont nécessitée *(u)*. Ces coups de vent ayant enfin cessé vers le 15 de janvier, nous nous empressâmes de pourvoir aux derniers préparatifs de notre départ, qui fut fixé au 27 de ce mois.

Préparatifs
pour notre dé-
part fixé au 27
Janvier.

Nous nous approvisionnâmes le mieux que nous pûmes d'eau-de-vie, de bœuf, de farine de seigle & de gruau. On fit une grande quantité de pains, dont une partie fut gardée pour les premiers jours

---

(u) On trouvera ce certificat à la fin de cet ouvrage.

de notre route, & l'autre fut coupée en très-petits morceaux qu'on fit sécher au four comme le biscuit ; du reste de la farine on remplit des sacs mis en réserve pour les cas de nécessité.

M. Kasloff avoit ordonné qu'on rassemblât le plus grand nombre de chiens qu'il seroit possible ; aussitôt il nous en vint par troupeaux de tous les ostrogs voisins : on nous fournit pareillement des provisions en abondance ; le seul embarras fut de les emporter. A l'instant de charger nos traîneaux, notre bagage se trouva si considérable, que, malgré la multitude de bras qui y furent employés, ce chargement ne put être achevé que le 27 au soir ; nous avions résolu de partir ce jour-là dès le matin, & il étoit nuit lorsqu'on vint nous annoncer que tout étoit prêt : nous avions eu le temps de nous impatienter ; pour moi, j'avoue que jamais journée ne m'a paru aussi longue. Ce retard nous avoit tellement contrariés, que nous ne voulûmes pas attendre au

1787,
Janvier.
A Bolcheretsk.

lendemain ; à peine avertis, nous cou-rûmes à nos traîneaux, & dans la même minute, nous fûmes hors de Bolcheretsk.

Il étoit fept heures du foir lorfque nous en fortîmes à la faveur de la lune dont la clarté devenoit encore plus vive par la blancheur éblouiffante de la neige. Ce départ fut réellement une chofe à peindre ; qu'on fe repréfente en effet notre nombreufe caravane partagée en trente-cinq traîneaux *(x)*, y compris ceux qui portoient nos équipages. Sur le pre-mier étoit un fergent nommé *Kabechoff*, chargé de commander & de guider notre marche ; il donne le fignal, & foudain tous ces traîneaux partent à la file ; ils font emportés par environ trois cents

---

(x) C'étoient pour la plupart des traîneaux ordinaires, tels qu'on les a vus décrits page 116 ; quelques-uns étoient fermés & avoient la forme des *vezocks* ou *kibicks* ; le mien étoit de ce nombre, ainfi que je l'ai annoncé page 124. Dans ces trente-cinq traîneaux, je ne compte pas ceux des habitans de Bolcheretsk , qui nous conduifirent jufqu'à Apatchin.

CARAVANE KAMTSCHADALE ARRIVANT DANS UN OSTROG OU VILLAGE.

chiens *(y)* dont l'ardeur égale la vîteſſe :
mais bientôt l'ordre eſt rompu, les lignes
ſe croiſent, ſe confondent; une noble
émulation anime les conducteurs, & le
voyage devient une courſe de chars; c'eſt
à qui pouſſera ſes courſiers; perſonne ne
veut être dépaſſé, les chiens même ne
peuvent endurer cet affront; ils ſe preſſent
à l'envi, s'attaquent tour-à-tour pour obtenir l'honneur du pas; le combat s'en-
gage, & les traîneaux ſont renverſés, au
riſque ſouvent d'être mis en pièces. Les
clameurs des culbutés, les cris des chiens
qui ſont aux priſes, les aboiemens confus de ceux qui courent, enfin, la *loquèle*
bruyante & continue des guides ajoutent
encore au déſordre où l'on ne peut ni
ſe reconnoître ni s'entendre.

Pour jouir plus à mon aiſe de ce
tumulte, je quittai mon traîneau dans
lequel je me trouvois empriſonné; je

1787.
Janvier.
Le 27.

(y) Il y en avoit quarante-cinq attelés au traîneau de M. Kaſloff, & trente-ſept au mien.

demandai à me mettre fur un plus petit, qui outre le plaifir de me conduire moi-même, me procuroit encore celui de voir ce qui fe paffoit autour de moi : il n'arriva heureufement aucun accident, & je n'eus pas lieu de me reprocher ma curiofité. Cet embarras provenoit principalement du concours des habitans de Bolcheretsk, qui par attachement autant que par honneur pour M. le commandant, voulurent nous accompagner jufqu'à Apatchin *(z)* où nous arrivâmes vers minuit : de Bolcheretsk jufqu'à cet oftrog, on compte quarante-quatre verftes.

Peu d'inftans après notre arrivée, il s'éleva un vent impétueux qui nous eût fort incommodés, s'il nous eût furpris en route. Cette tempête dura le refte de la nuit, & pendant toute la journée du 28, de forte que nous fûmes obligés de la paffer à Apatchin.

(z) Le 18 octobre 1786. Avant d'arriver à Bolcheretsk, j'avois déjà paffé par ce village dont j'ai fait la defcription, page 63.

Nous y reçûmes les derniers adieux des habitans de Bolcheretsk qui nous avoient fuivis; leurs regrets de voir partir M. Kaſloff, les témoignages de reconnoiſ-fance & de vénération qu'ils lui don-nèrent, me touchèrent fingulièrement: je fus fur-tout étonné de l'intérêt qu'ils pa-rurent prendre à moi, & au fúccès de mon voyage; chacun d'eux me l'exprima à fa manière. Je fus d'autant plus fenfible à l'affection qu'ils me montrèrent en ce moment, que pendant mon féjour à Bolcheretsk, j'avois eu occafion de m'a-percevoir que le nom François n'étoit pas en grand honneur parmi ces peuples; ils avoient même la plus mauvaife opinion de nous, au point qu'ils eurent d'abord peine à croire ce qu'on leur rapporta de la politeſſe & de la cordialité avec lef-quelles toutes les perſonnes de notre expédition avoient traité les habitans de Saint-Pierre & Saint-Paul. Cependant, à mefure qu'ils entendirent leurs compa-triotes fe louer de nos procédés à leur

1787,
Janvier.
Le 28.
Adieu des habitans de Bolcheretsk,

1787,
Janvier.
Le 28.
A Apatchin.

égard, leur prévention devint moins forte; j'en profitai pour travailler à la détruire, & par mes discours & par ma conduite avec eux: je n'ose me flatter d'avoir réussi; mais il m'a semblé qu'à la fin leur façon de penser étoit totalement changée en notre faveur.

Cause de la mauvaise opinion que les habitans du Kamtschatka avoient des François.

L'idée désavantageuse qu'ils avoient du caractère & du génie de notre nation, prenoit sa source dans la réputation de perfidie & de cruauté que nous avoit donnée dans cette partie de la presqu'île, il y a quelques années, le fameux Beniovski; cet Esclavon s'y étoit dit François, & s'y étoit comporté en véritable Vandale.

Détails historiques sur Beniovski.

Son histoire est connue : on sait que lors des troubles de 1769, il servoit en Pologne sous les drapeaux de la Confédération; son intrépidité le fit choisir pour commander un ramas d'étrangers ou plutôt de brigands comme lui, que les confédérés soudoyoient à regret: à leur tête, il parcouroit le pays, massacrant

tout ce qui fe rencontroit fur fon paffage ;
il harceloit fans ceffe les Ruffes qui ne
le redoutoient pas moins que les Polonois. Ils fentirent bientôt la néceffité de
fe délivrer d'un ennemi auffi dangereux ;
ils parvinrent à le prendre, & l'on conçoit qu'il ne dut pas en être bien traité.
Relégué en Sibérie, & de-là au Kamtfchatka, il y porta fon génie ardent &
vindicatif. Sorti du milieu des neiges
fous lefquelles les Ruffes le croyoient
enfeveli, il paroît tout-à-coup à Boïche-
retsk, fuivi d'une troupe d'exilés auxquels
il a fu infpirer fon audace ; il furprend la
garnifon & fe faifit des armes ; le commandant lui-même, M. Nilloff, eft tué de
fa main. Un bâtiment étoit dans le port ;
Béniovski s'en empare, tout tremble à
fon afpect, tout eft forcé de lui obéir.
Il contraint les pauvres Kamtfchadales à
lui fournir les provifions qu'il demande ;
& non content des facrifices qu'il obtient,
il livre leurs habitations à la licence
effrénée des bandits de fa fuite, à qui

1787,
Janvier.
Le 28.
A Apatchin.

1787,
Janvier.
Le 28.
A Apatchin.

il donne l'exemple du crime & de la férocité. Il s'embarqua à la fin avec ses compagnons ; il fit voile, dit-on, vers la Chine, emportant l'exécration des peuples du Kamtschatka *(a)*. C'étoit le seul soi-disant François qu'ils eussent encore vu dans leur péninsule ; & ne pouvant juger de notre nation que d'après lui, il leur étoit sans doute bien permis de ne pas nous aimer, & même de nous craindre.

Le 29.
M. Schmaleff nous quitte pour faire la visite du reste de son département.

M. Schmaleff nous quitta à la pointe du jour, & partit le premier pour parcourir la côte de Tiguil ou de l'ouest, & faire la visite du reste de son département *(b)*.

Départ d'Apatchin.

Nous sortîmes d'Apatchin presqu'en même temps ; notre cortège n'étant plus

---

(a) On a eu, il n'y a pas très-long-temps, les détails de la fin de ce fameux aventurier.

(b) Son voyage avoit aussi pour objet de se procurer des vivres qu'il nous envoya ; il nous rejoignit quelque temps après, ainsi qu'on le verra dans la suite de ce Journal.

auffi nombreux, nous en fîmes plus de
diligence. Après avoir paffé la plaine où
ce village eft fitué, nous rencontrâmes
la Bolchaïa-reka fur laquelle nous voyageâmes pendant quelques heures ; nous
la fuivîmes dans les finuofités qu'elle
décrit, tantôt au milieu d'une forêt, &
tantôt au pied des hautes & arides montagnes dont fes bords font hériffés. A
quinze verftes de Malkin, nous quittâmes
cette rivière dont le courant commençoit
à foulever les glaces rompues en plufieurs
endroits, & à peu de diftance de cet
oftrog, nous traversâmes la Biftraïa pour
nous y rendre ; il étoit près de deux
heures après midi lorfque nous y arrivâmes. Nous avions déjà fait foixante-
quatre verftes depuis Apatchin ; mais
n'ayant point de relais, nous fûmes
obligés de nous arrêter, afin de donner
à nos chiens le temps de fe repofer.

Le toyon de Malkin vint auffitôt au
devant de M. le commandant lui offrir
fon ifba ; il y avoit fait d'affez grands

préparatifs pour nous recevoir, ce qui nous détermina à y passer la nuit : il nous rendit tous les honneurs possibles & nous traita de son mieux; mais plus nous eûmes à nous louer de ses soins & de sa bonne volonté, plus je regrettai qu'il ne se fût pas autant occupé de notre repos, en veillant à ce que rien ne pût l'interrompre. Le mien fut cruellement troublé par le voisinage de nos coursiers, auquel je n'étois pas encore fait; les hurlemens aigus & continuels de ces maudits animaux sembloient être à mon oreille, & ne me permirent pas de fermer l'œil de toute la nuit. Il faut avoir entendu cette musique nocturne, la plus désagréable que je connoisse, pour se figurer tout ce que j'ai eu à souffrir pour m'y accoutumer, car dans le cours de mon voyage je fus bien forcé d'apprendre à dormir à ce bruit; heureusement le corps se fait à tout. Après quelques mauvaises nuits, accablé par le sommeil, je finis par ne plus rien entendre, & peu-à-peu je m'aguerris tellement contre les cris de ces animaux, que même au milieu d'eux je dormois avec la plus parfaite tranquillité. J'obferverai ici, qu'on ne donne à manger à ces chiens qu'à la fin de la courfe ou de la journée ; cet unique repas confifte ordinairement en un faumon féché, qu'on diftribue à chacun d'eux.

L'oftrog de Malkin reffemble à tous ceux que j'ai vus & que j'ai déjà décrits : il contient cinq à fix ifbas & une quinzaine de balagans ; il eft fitué fur le bord de la Biftraïa, & environné de hautes montagnes. Je n'eus pas le temps d'aller reconnoître des fources chaudes qu'on me dit être dans le voifinage ; on m'ajouta qu'elles avoient une forte odeur de foufre, & qu'une, entr'autres, fe trouvoit fur le penchant d'une colline, au pied de laquelle elle formoit une mare d'eau affez limpide.

De Malkin, nous allâmes à Ganal qui en eft éloigné de quarante-cinq verftes, mais nous ne pûmes faire ce chemin auffi

1787,
Janvier.
Le 29.

Oftrog de
Malkin.

Le 30.
Détour forcé.

vîte que nous l'avions efpéré. La Biftraïa n'étoit pas entièrement prife; il nous fallut faire un détour & prendre à travers les bois, où la neige ayant beaucoup d'épaiſfeur & peu de folidité, nos chiens enfonçoient jufqu'au ventre & fe fatiguoient exceffivement; cela nous contraignit d'abandonner cette route & de diriger notre marche vers la Biftraïa. Nous la retrouvâmes à dix verftes de Ganal, telle que nous pouvions la defirer pour notre sûreté; la denfité de la glace nous promettoit un paffage facile & nous nous emprefsâmes d'en profiter; nous fuivîmes cette rivière jufqu'à ce village qui tient à fa rive. Quatre ifbas & onze balagans compofent cet oftrog où je ne vis rien de remarquable.

 Nous y apprîmes feulement que les ouragans avoient été des plus terribles & qu'ils s'y faifoient encore fentir, à la vérité avec moins de force. Il n'eft pas difficile de donner la raifon de la violence de ces tempêtes; les hautes montagnes

des

des environs forment autant de gorges où le vent s'engouffre ; moins il trouve d'issues, plus il acquiert d'impétuosité : il cherche à s'ouvrir un passage, il saisit le premier qui se présente , s'échappe en tourbillons , rejette la neige dans les chemins , & les rend le plus souvent impraticables.

Après avoir passé une assez mauvaise nuit dans la maison du toyon de Ganal , nous en partîmes avant le jour pour nous rendre à Pouschiné. La distance entre ces deux ostrogs est de quatre-vingt-dix verstes, & cependant nous fîmes ce trajet en quatorze heures : mais la dernière moitié du chemin fut très-pénible ; la voie n'étant pas frayée, nos traîneaux enfonçoient à deux & trois pieds dans la neige ; & les cahots étoient si fréquens, que je me trouvai heureux de m'en tirer, & de n'avoir versé qu'une fois. A juger de la direction de la neige par la quantité qui couvroit une partie des arbres, il nous parut qu'elle étoit

1788 ,
Janvier.
Le 30.

Le 31.
Journée très-
pénible.

1788,
Janvier.
Le 31.

tombée par des vents de nord & avec une abondance extraordinaire, ce qui nous fut confirmé par les gens du pays. Nous voyageâmes conftamment dans une forêt de bouleaux, & pendant quelque temps nous perdîmes de vue la chaîne des montagnes que nous avions cotoyées la veille; mais en approchant davantage de Poufchiné, je ne tardai pas à la revoir.

A Poufchiné.

La Kamtfchatka paffe au pied de cet oftrog, plus étendu que celui de Ganal. La feule chofe que j'aie obfervé ici, c'eft que les ifbas y font fans cheminée; ils

Ifbas fans cheminée.

n'ont, comme les balagans, qu'une étroite ouverture pratiquée dans le comble; c'eft l'unique iffue qu'on laiffe à la fumée, encore la ferme-t-on promptement par le moyen d'une trappe, afin de concentrer la chaleur. Lorfqu'on chauffe ces appartemens, il n'eft guère poffible d'y refter; il faut en fortir ou s'y coucher par terre, fi l'on ne veut pas rifquer d'être étouffé ou au moins aveuglé par la fumée : elle ne prend pas toujours directement le chemin du toit; à mefure qu'elle s'élève, elle fe répand dans la chambre en nuage épais & noirâtre; & comme il eft rare qu'on lui donne le temps de fe diffiper tout-à-fait, l'intérieur de ces ifbas eft pour l'ordinaire tapiffé d'un enduit de fuie qui fe fait fentir dès l'entrée, & dont l'afpect eft vraiment repouffant.

Mais il infpire encore moins de dégoût que l'odeur infecte qu'exhale une lampe lugubre qui éclaire toute la maifon; la forme en eft des plus groffières, c'eft tout bonnement un caillou concave ou une pierre creufée, d'où fort un chiffon de toile roulé en guife de mèche, autour de laquelle on met force graiffe de loup marin ou d'autres animaux. Dès que cette mèche eft allumée, vous vous voyez tout d'un coup environné d'une fombre vapeur, qui ne contribue pas moins que la fumée à tout noircir; elle vous prend au nez & à la gorge, & va jufqu'au cœur. Ce n'eft pas la feule mauvaife odeur qu'on refpire dans ces habitations, il en eft une autre

1788,
Janvier.
Le 31.

Lampe Kamtf-chadale.

bien plus fétide, felon moi, car je n'ai pu m'y faire ; ce font les exhalaifons naufé-abondes que répand le poiffon féché ou pourri, foit lorfqu'on le prépare ou qu'on le fert, foit même après qu'on l'a mangé : les reftes font deftinés aux chiens ; mais avant qu'ils les obtiennent, tous les coins de l'appartement en ont été balayés.

Au furplus, le fpectacle que vous offrent les individus dans l'intérieur de ces maifons, eft bien tout auffi dégoûtant. Ici, c'eft un grouppe de femmes luifantes de graiffe & vautrées par terre fur un tas de haillons : celles-ci donnent à teter à leurs enfans à demi-nus & barbouillés de la tête aux pieds ; celles-là dévorent avec eux quelques morceaux de poiffon tout crû & le plus fouvent pourri ; plus loin, vous en voyez d'autres, dans un négligé qui n'eft pas moins fale, couchées fur des peaux d'ours, babillant entr'elles ou toutes à la fois, & travaillant à divers ouvrages de ménage en attendant leurs époux.

Heureufement les maifons des toyons

étoient auffi bien nettoyées qu'elles pouvoient l'être, pour recevoir M. Kafloff,
qui eut toujours l'attention de m'y faire
loger avec lui.

Nous couchâmes chez celui de Poufchiné, & nous partîmes le lendemain de
très-bonne heure ; nous ne pûmes faire
dans cette journée que trente - quatre
verftes. Il fembloit que plus nous avan-
cions & plus les chemins fe trouvoient
obftrués par les neiges. Mes deux conducteurs étoient fans ceffe occupés à tenir
mon traîneau en équilibre pour l'empêcher de verfer ou de fortir de la voie ;
il leur falloit faire en outre des efforts
de poitrine extraordinaires pour encourager les chiens, qui fouvent s'arrê-
toient malgré les coups qu'on leur dif-
tribuoit avec autant d'adreffe que de
profufion. Ces pauvres animaux, dont la
vigueur eft inconcevable, avoient toutes
les peines du monde à fe dépétrer de
cette neige qui les recouvroit à mefure
qu'ils s'en dégageoient ; il falloit l'aplanir

L iij

1788 ,
Janvier.
Le 31.

Février.
Le 1.er
Chemins rem-
plis de neiges ;
exercice fati-
gant de mes
conducteurs.

1788 ,
Février.
Le 1.er

pour les aider à s'en tirer, c'étoit encore là un des foins de mes guides ; pour fe foutenir fur la neige, ils avoient chacun une raquette à un pied, & gliſſoient ainſi en poſant l'autre par momens fur le patin du traîneau. Je doute qu'il y ait un exercice plus fatigant, & qui demande plus de force & d'habitude.

L'oſtrog de Charom, où nous eûmes le bonheur de nous rendre, eſt ſitué fur la Kamtſchatka ; il ne me fournit aucune obſervation. Nous y paſsâmes la nuit, & avant le jour nous en étions dehors.

Le 2.
A Vercknei-
Kamtſchatka,
ou
Kamtſchatka
ſupérieur.

En fept heures nous atteignîmes Vercknei-Kamtſchatka, qui eſt à trente-cinq verſtes de Charom. Vercknei eſt très-conſidérable en comparaiſon des autres villages que j'ai déjà vus ; je comptai dans celui-ci plus de cent maiſons : ſa poſition eſt commode & le ſite m'en parut aſſez varié. Voiſin de la rivière *(c)*, cet oſtrog

____

(c) La Kamtſchatka, qui dans cet endroit n'étoit pas encore priſe.

a de plus l'avantage d'avoir à sa proximité des bois & des champs, dont le sol
est très-bon, & que ses habitans commencent à mettre à profit. L'église est en bois;
sa construction n'est point désagréable : il
seroit à desirer seulement que le dedans
répondît au dehors. Quant aux habitations, elles ne diffèrent en rien de celles
des autres villages. Pour la première fois
je vis ici des espèces de bâtimens de la
hauteur à peu-près des balagans, & qui
ne servent qu'à faire sécher le poisson.
Un sergent commande à Vercknei; il
demeure dans une maison appartenante à
lac ouronne.

Ce village est aussi le lieu de la résidence du malheureux Ivaschkin, dont
j'ai raconté l'histoire à mon départ de
Saint-Pierre & Saint-Paul *(d)*; il étoit de
notre caravane, & ne nous quitta que
pour nous devancer à Vercknei, où son
premier soin en arrivant, fut de faire

1788,
Février.
Le 2.

Présent
que nous fait
Ivaschkin.

(d) Voyez la page 20.

1788,
Février.
Le 2.

tuer un de ſes bœufs qu'il nous pria d'ac‑
cepter pour notre route , comme une
marque de ſa reconnoiſſance. Ce procédé
juſtifia l'intérêt que m'avoit déjà inſpiré
cet infortuné gentilhomme, dont le ſeul
aſpect m'a fait plus d'une fois gémir ſur
ſon ſort ; je ne concevrois pas comment
il a pu s'y accoutumer, s'il n'avoit pas
eu le ſentiment de ſon innocence, qui
ſeul a pu lui donner cette force d'eſprit.
A notre arrivée à Vercknei, nous allâmes
le voir chez lui : il y étoit à boire gaîment
avec quelques‑uns de ſes voiſins ; ſa joie
étoit franche, & n'annonçoit nullement
un homme ſenſible à ſes malheurs paſſés ,
ni ennuyé de ſon état préſent.

Zaimka ou
hameau habité
par des labou‑
reurs.

Nous ne reſtâmes que peu de temps
à Vercknei ; nous nous remîmes en route
après dîner pour aller à quinze verſtes
plus loin coucher à Milkovaïa‑Derevna,
ou autrement au village de Milkoff.
Chemin faiſant, nous trouvâmes d'abord
un champ aſſez ſpacieux entouré de pa‑
liſſades, & plus loin un *zaimka*, c'eſt‑à‑

dire, un hameau habité par des laboureurs;
ce font des Cofaques ou foldats Ruffes
deftinés à la culture des terres qu'ils font
valoir pour le compte du gouvernement.
Ils ont quatre - vingts chevaux appartenant à la couronne, & qui fervent tant
au labourage qu'au haras établi en ce
lieu pour la propagation de ces animaux
fi utiles & fi rares dans la prefqu'île. A
environ cinq cents pas de ce hameau,
dont le nom eft Tfchigatchi, on découvre fur un bras de la Kamtfchatka,
un moulin à eau conftruit en bois,
mais peu confidérable. On ne pouvoit
alors en tirer aucun fecours ; la crue
d'eau avoit été fi forte qu'elle avoit
franchi l'éclufe, & s'étoit répandue dans
une partie de la plaine où elle s'étoit gla-
cée. Le terrain me parut en cet endroit
d'une très-bonne qualité, & les environs
fort agréables. Je queftionnai quelques-uns
de ces Cofaques fur les productions de
leur canton, où il me fembloit que toutes
fortes de blés devoient réuffir à mer-

1788,
Février.
Le 2.

1788,
Février.
Le 2.

veille; ils me répondirent qu'en effet la récolte dernière & la nature du grain avoient passé leurs espérances, & que celui-ci ne le cédoit en rien au plus beau de Ruffie: deux pouds de grain en avoient produit dix.

Habitans de
Milkoff.

Arrivé à Milkoff, je fus étonné de ne voir ni Kamtschadales, ni Cofaques; mais une peuplade intéreffante de payfans, dont les traits & l'abord indiquent qu'il n'y a point eu parmi eux mélange de races. Cette peuplade fut choifie en 1743, moitié en Ruffie & moitié en Sibérie, parmi les habitans primitifs, c'eft-à-dire, parmi les cultivateurs; en l'envoyant dans cette péninfule, l'adminiftration eut pour but le défrichement des terres & des effais en agriculture, dans l'efpérance que l'exemple & les fuccès de cette colonie de laboureurs, pourroient inftruire les naturels du pays, & les déterminer à fe livrer davantage à cette noble & effentielle occupation. Malheureufement leur infouciance extrême, que j'ai déjà fait connoître, a mal répondu aux vues fages du gouvernement; ils font encore loin non-feulement de fe piquer d'émulation, mais même de fonger à profiter des leçons qu'ils ont fous les yeux. Cette funefte apathie des indigènes fait d'autant plus de peine à voir, qu'on ne peut s'empêcher d'admirer ces actifs émigrans dont les travaux ont eu des réfultats fi avantageux. Placées auprès de la Kamtfchatka, leurs habitations annoncent une forte d'aifançe; ils ont des beftiaux qui m'ont paru en bon état : le foin qu'ils en prennent ne contribue pas peu à les faire profpérer. J'ai obfervé auffi qu'en général ces payfans avoient l'air fort contens de leur fort; ils ont, il eft vrai, les jouiffances de la propriété : tout eft profit pour eux & rien n'eft peine; chacun laboure, enfemence fon champ; & tenu feulement à payer fa capitation, chacun recueille librement le fruit de fes fueurs, dont un fol fertile le récompenfe avec ufure. Je fuis perfuadé qu'on en tireroit

1788,
Février.
Le 2.

1788,
Février.
Le 2.

encore un meilleur parti, si les cultivateurs y étoient en plus grand nombre. La récolte consiste principalement en seigle, & en orge en moindre quantité. Cette peuplade est de plus exempte de chasse; le gouvernement a porté l'attention jusqu'à la défendre, pour que ces colons fussent tout entiers à leurs travaux, & que rien ne pût les en distraire : j'ai su cependant qu'ils ne respectent pas trop cette défense. Leur chef est un *starofte* nommé par l'administration, qui le choisit parmi les vieillards du village, comme l'indique son nom : il est chargé de veiller aux progrès de l'agriculture; il préside aux semailles, aux moissons, en fixe les époques précises; enfin il doit stimuler la négligence ou encourager le zèle des travailleurs, & surtout maintenir entr'eux l'esprit de l'établissement & la bonne intelligence.

Le 3.

Voulant aller à Machoure, passer un jour avec M. le baron de Steinheil, je quittai M. le commandant à Milkoff, & j'en partis environ vingt-quatre heures avant lui, afin de ne point l'arrêter dans fa marche. Pour aller plus vîte, j'avois pris un petit traîneau : mais de ce côté les chemins n'étoient pas moins remplis de neige ni moins difficiles ; de forte que malgré ma précaution, il me fut impoffible de faire la diligence que j'avois projetée. Le premier oftrog que je trouvai fur ma route, eft Kirgann. Avant d'y arriver, je paffai devant un certain nombre de balagans & de maifons qui me parurent abandonnées, mais on me dit que l'été y rappeloit chaque année les propriétaires. Le peu d'habitations qui compofent le village de Kirgann, font bâties fur le bord d'une rivière appelée Kirganik ; celle-ci eft formée par plufieurs fources qui fortent des montagnes voifines, & dont les différens rameaux fe rejoignent au-deffus de cet oftrog, éloigné de Milkoff de quinze verftes.

Le froid étoit fi rigoureux, que malgré la précaution que j'avois prife de me couvrir le vifage d'un mouchoir, j'eus en

1788.
Février.
Le 3.

Oftrog de Kirgann.

moins d'une demi-heure les joues gelées; mais j'eus recours au remède ordinaire; je me frottai le visage avec de la neige, & j'en fus quitte pour une douleur cuisante pendant quelques jours. A l'instant où ma figure se geloit ainsi, mon corps éprouvoit l'effet contraire. Je conduisois moi-même mon traîneau; le mouvement continuel qu'exige cet exercice, joint à la pesanteur de mes vêtemens Kamtschadales. *(e)*, me

(e) Mon ajustement mérite une description particulière : on jugera qu'il ne me donnoit pas l'air fort ingambe. Habituellement je ne portois qu'une simple parque de renne & un bonnet fourré qui me cachoit, au besoin, & les oreilles & une partie des joues. Le froid devenoit-il plus vif, j'ajoutois à ce vêtement deux *kouklanki*, espèce de parques plus larges & d'une peau plus épaisse; l'une avoit le poil en dedans, & l'autre en dehors. Dans les froids excessifs, je passois par dessus tout cela une troisième kouklanki plus grossière, de peau de chien ou d'argali; le côté du poil est toujours dessous, & le cuir ou la superficie extérieure de la peau est teint en rouge. A ces kouklankis on adapte par devant une petite bavette, qui se relève pour défendre la figure contre le vent : en outre, elles ont chacune par derrière un capuchon fourré qui

procura une tranfpiration des plus abondantes, & qui me fatigua extrêmement.
Néanmoins je ne m'arrêtai point à Kir-

tombe fur les épaules; parfois ces trois capuchons
les uns fur les autres, faifoient ma coîffure, je les
mettois même par deffus mon bonnet ordinaire. Mon
cou étoit garanti par une cravatte de martre, ou de
queues de renard, appelée *ocheinik*, & mon menton
par une mentonnière de martre pareillement, qui
s'attachoit fur ma tête. Le front étant une partie
très-fenfible au froid, on le couvre d'une bande
de loutre ou de zibeline, recouverte enfuite par le
bonnet. Mes culottes fourrées me donnoient beaucoup plus de chaleur que le refte de ma chauffure,
toute compliquée qu'elle étoit. J'avois doubles chauf-
fures de peau de renne, poil en dedans & en
dehors; leur nom au Kamtfchatka eft *tchigi*. Je
paffois enfuite mes jambes dans des *torbaffi* ou
bottes de pied de renne, garnies en dedans d'une
femelle de *tonnchitcha*, herbe très-molle, qui a
la propriété d'entretenir la chaleur. Malgré ces
précautions, au bout de deux ou trois heures de
marche, j'avois les pieds fort humides, foit par
la tranfpiration, foit par l'introduction infenfible
de la neige; & pour peu que je reftaffe immobile
fur mon traîneau, je les fentois auffitôt glacés. Le
foir je quittois cette chauffure, & mettois pour la
nuit une large paire de bás fourrés de peau de
renne ou d'argali, appelés *ounti*.

1788,
Février.
Le 3.

gann. A quelques verftes plus loin je découvris dans le nord-eft un volcan qui ne jetoit point de flammes ; mais il s'en élevoit une colonne de fumée très-épaiffe. J'aurai occafion d'y revenir bientôt, & d'en parler plus au long. Je remarquai auprès de Machoure, un bois de fapin affez touffu, & le premier que j'euffe encore trouvé au Kamtfchatka ; les arbres en font droits, mais très-minces. A deux heures après midi, j'entrai dans l'oftrog de Machoure, fitué fur la Kamtf-chatka, à trente-fept verftes de Kirgann.

Séjour à Ma-
choure chez
M. le baron de
Steinheil.

Je defcendis chez M. le baron de Steinheil, ancien capitaine ifpravnick, ou infpecteur du Kamtfchatka, place donnée depuis à M. Schmaleff. J'avois fait connoiffance avec lui auprès de Bolcheretsk, & j'avois été charmé de parler avec lui plufieurs langues, particulièrement celle de ma patrie, quoiqu'elle ne lui fût pas très-familière ; mais c'étoit du françois, & je croyois voir en lui un compatriote. Quiconque a quitté l'Europe pour voyager dans des contrées auſſi éloignées, a dû le ſentir comme moi; on ſe croit concitoyen de celui qui a pour patrie le même continent ou qui parle la même langue. La moindre choſe qui nous rappelle notre pays, nous cauſe le plaiſir le plus vif; notre cœur s'élance vers l'ami, vers le frère qu'il nous ſemble retrouver; dans l'inſtant nous ſommes portés à la confiance. J'éprouvai cette délicieuſe ſenſation à la vue de M. Steinheil; ſa converſation eut pour moi dès le premier moment, un attrait irréſiſtible. J'eus le beſoin de le voir, de cauſer avec lui; j'y trouvois un charme inexprimable, bien que ſon françois, comme je l'ai dit, fût des plus irréguliers, & qu'il le prononçât avec l'accent germanique. Je paſſai avec M. Steinheil la journée du 4, & le ſoir je vis arriver M. Kaſloff, ainſi qu'il m'en avoit prévenu.

L'oſtrog de Machoure, avant l'introduction de la petite vérole, étoit un des plus conſidérables de la preſqu'île; mais

1788,
Février.
Le 3.
A Machoure,

Le 4ᵉ
Oſtrog de
Machoure,

Partie I.ʳᵉ   M

1788 ,
Février.
Le 4.
A Machoure.
Nouveaux détails sur les chamans.

les ravages qu'y a faits cette cruelle épidémie, ont réduit le nombre des habitans à vingt familles.

Tous les Kamtſchadales de ce village, tant hommes que femmes, ſont tous des chamans ou croyent aux ſortiléges de ces prétendus magiciens. Les uns & les autres redoutent à l'excès les popes ou prêtres Ruſſes, pour leſquels ils ont une haine parfaite ; auſſi cherchent - ils toujours à eſquiver leur rencontre : quelquefois cela leur eſt impoſſible ; alors ils ont ſoin de ſe maſquer lorſqu'ils les voyent à leur portée, & ils ſe ſauvent le plus vîte qu'ils peuvent. J'attribue cette crainte que leur inſpire la vue des prêtres, au zèle ardent que ceux-ci ont montré, ſans doute, pour l'extinction de l'idolatrie, & que ces Kamtſchadales traitent de perſécution ; ils regardent en conſéquence ces miniſtres de la religion comme leurs plus grands ennemis : peut-être ſont-ils fondés à croire qu'en voulant les convertir, ces miſſionnaires n'ont pas eu ſeulement pour but de renverſer leurs idoles. Ces popes ne leur donnèrent pas vraisemblablement l'exemple des vertus qu'ils leur prêchoient sans les connoître. En effet, on prétend qu'ils songèrent moins à faire des néophytes qu'à acquérir des biens, & sur-tout qu'à satisfaire le penchant qui les porte à s'enivrer le plus souvent possible. Il ne faut donc pas s'étonner si ces habitans tiennent encore à leurs anciennes erreurs. Ils rendent toujours un culte secret à leur dieu Koutka *(f)*; ils ont une telle confiance en lui, qu'ils lui adressent exclusivement leurs prières lorsqu'ils entreprennent quelque chose ou qu'ils desirent obtenir quelque bien. Vont-ils à la chasse, ils s'abstiennent de se laver & se gardent bien de faire aucun signe de croix; ils invoquent leur Koutka, puis la première martre ou le premier animal qu'ils peuvent prendre, ils l'offrent aussitôt à ce dieu, persuadés qu'après cet acte de dévotion, leur chasse

1788,
Février.
Le 4.
A Machoure.

(f) On en trouve dans Steller la description fidèle.

M ij

doit être des plus heureufes ; ils imaginent au contraire qu'en fe fignant, ils s'expofe-roient à ne rien attraper. Il entre encore dans leur fuperftition de confacrer à leur Koutka leurs enfans nouveau-nés, qu'ils deftinent, au fortir du berceau, à devenir des chamans. La vénération qu'ils ont en ce village pour ces forciers ne peut fe concevoir ; elle tient du délire & fait vraiment pitié ; car les extravagances avec lefquelles ceux-ci entretiennent la crédulité de leurs compatriotes, font fi bizarres & fi ridicules, qu'on eft moins tenté d'en rire que de s'en indigner. Aujourd'hui, à la vérité, ils ne profeffent pas leur art ouvertement, ils ne mettent plus le même éclat à leurs fortiléges; leurs habits ne font plus garnis d'anneaux myf-térieux ni de diverfes figures fymboliques de métal qui fe choquoient avec bruit au moindre mouvement de leurs corps ; ils ont pareillement renoncé à une ef-pèce de chaudron *(g)* fur lequel ils

____

(g) Cette manière de tambour de bafque fe

frappoient en cadence dans leurs prétendus enchantemens, ou pour annoncer
leur venue; enfin, ils ont abandonné
tous les inſtrumens magiques. Voici à
peu-près à quoi ſe bornent à préſent
leurs cérémonies dans leurs aſſemblées,
qu'ils ont ſoin de tenir en ſecret, mais
qui n'en ſont pas moins ſuivies. Qu'on
ſe figure un cercle de ſpectateurs ſtupide-
ment attentifs & rangés autour du ſorcier,
ou de la ſorcière; car, comme je l'ai dit,
les femmes ſont auſſi initiées aux myſtères
des chamans : tout-à-coup celle-ci ou
celui-ci ſe met à chanter, ou plutôt à
pouſſer des ſons aigus, ſans meſure ni
ſignification ; la docile aſſemblée lui ré-
pond ſur le même ton, ce qui forme
le concert le plus diſſonant & le plus
inſupportable. Peu-à-peu le chaman s'a-
nime; il commence à danſer aux accens
confus de ſon auditoire, qui s'enroue &
s'exténue dans l'excès de ſa ferveur &

1788,
Février.
Le 4.
A Machoure.

---

nommoit *bouben ;* il eſt encore en uſage chez les
Yakoutsk, comme on le verra dans la ſuite.

M iij

de son admiration; la danse devient plus vive à mesure que l'esprit prophétique se fait sentir au ministre du dieu Koutka. Semblable à la Pythonisse sur le trépied, il roule des yeux hagards & furieux; tous ses mouvemens sont convulsifs; sa bouche se tord, ses membres se roidissent: il n'est, pour tout dire, sorte de contorsion ni de grimace qu'il n'invente & n'exécute, au grand saisissement de tous les assistans. Après avoir fait ces simagrées pendant quelque temps, il s'arrête soudain comme inspiré; son délire devient aussi calme qu'il étoit agité: il n'y a plus ni fureur ni transport; c'est le recueillement sacré de l'homme, tout plein du Dieu qui le domine, & qui va parler par sa voix. Surprise & tremblante, l'assemblée se tait aussitôt, dans l'attente des merveilles qui vont lui être révélées. Elle entend sortir alors de la bouche du soi-disant prophète des mots sans suite que le fourbe laisse échapper par intervalles; il débite ainsi tout ce qui lui passe par

la tête, & c'eſt toujours l'effet de l'inſpiration du Koutka. L'orateur accompagne
ordinairement ſon diſcours ou d'un tor-
rent de larmes ou de grands éclats de
rire, ſuivant le bien ou le mal qu'il
annonce, & ſes geſtes expreſſifs varient
conformément à ſes ſenſations. *(h)*. Ces
détails ſur les chamans m'ont été procu-
rés par des gens dignes de foi, & qui
avoient trouvé moyen d'aſſiſter à leurs
impertinentes révélations.

On nous confirma à Machoure ce qu'a-

1788,
Février.
Le 4.
A Machoure.

Avis d'une
révolte des Ko-
riaques.

(h) On pourroit dire qu'à cet égard les Chamans
ont une ſorte d'analogie avec la ſecte des Quakers.
On ſait que ces derniers ont également des préten-
tions à l'inſpiration, & que ceux d'entr'eux qui,
cédant à ſon impulſion, prennent la parole dans
leurs ſilencieuſes aſſemblées, commencent preſque
toujours par larmoyer piteuſement, ou par donner
des ſignes d'une joie ſoudaine; au moins ces im-
proviſateurs pérorent à tort & à travers ſur la morale,
dont ils croyent préſenter la quinteſſence, au lieu
que les harangueurs Kamtſchadales ne ſavent ce
qu'ils diſent, & n'employent ce myſtique & perfide
verbiage que pour fomenter l'idolatrie de leurs trop
ſimples auditeurs.

M iv

voit rapporté déjà à M. le commandant, un ingénieur nommé Bogénoff. Il avoit été envoyé dans les environs de la rivière de Pengina pour y choifir l'emplacement d'une ville & en tracer le plan, avec ordre de fuivre enfuite la côte de-l'oueft du Kamtfchatka jufqu'à Tiguil, & de lever une carte exacte de fon voyage. A fon arrivée à Kaminoi *(i)*, il trouva, dit-il à M. Kafloff, une grande quantité de Koriaques révoltés qui vinrent en armes au-devant de lui, pour lui fermer le paffage & l'empêcher de remplir fa miffion. On nous ajouta ici qu'ils étoient au nombre de fix cents, & que très-probablement ils ne nous laifferoient pas non plus continuer notre route. La perfpective étoit trifte, fur-tout pour moi, qui brûlois d'arriver à Okotsk, comme fi ç'eût été le terme de mon voyage, ou que delà jufqu'en France, il n'eût dû me refter qu'une

---

(i) Village fitué fur le bord de la rivière de Pengina.

journée de chemin. Combien il étoit dur de penser que n'en ayant point d'autre que par ce village, nous ferions peut-être forcés de revenir fur nos pas! l'idée feule m'en faifoit friffonner d'impatience. M. le commandant qui partageoit la mienne, jugea comme moi que nous ne devions pas nous arrêter à ces rapports : ils pouvoient n'être pas très-fidèles; l'importance qu'y mettoient les hiftoriens, l'air effrayé qui accompagnoit leurs récits, enfin les petites additions qu'on y faifoit chaque jour, tout nous engageoit à nous en défier. En conféquence, nous décidâmes qu'il falloit nous affurer par nous-mêmes de la vérité du fait, & aller en avant, fauf à recourir aux expédiens pour obtenir notre paffage fi ces rebelles s'y oppofoient. Mais bientôt nous fûmes encouragés par l'arrivée d'un exprès adreffé à M. Kaffoff, & qui n'avoit rencontré nul obftacle dans fa route; il nous affura que tout lui avoit paru tranquille; or, il y avoit lieu de croire que, dans le cas contraire, il fe feroit

1788 ,
Février.
Le 4.
A Machoure.

aperçu de quelques mouvemens, &
qu'ainfi nous n'avions à craindre aucun
empêchement dans notre marche.

Au point du jour je quittai donc M. le
baron de Steinheil, avec autant de regret
que de reconnoiſſance de ſon obligeant
accueil, & de toutes les attentions qu'il
eut pour moi pendant mon court ſéjour à
Machoure *(k)*. J'y laiſſai en lui un homme

(k) Malgré tous mes ſoins, j'eus ici le malheur
de voir mourir la martre zibeline que m'avoit donnée
M. Kaſloff. *Voyez page 56.* Auſſitôt je la fis écor-
cher pour en conſerver la peau.

Un de mes plaiſirs avoit été d'obſerver ſes habitudes. Son extrême vivacité lui rendoit ſa chaîne
inſupportable; ſouvent elle a cherché à ſe ſauver;
elle y ſeroit infailliblement parvenue, ſi je n'euſſe
pas ſans ceſſe veillé ſur elle, & jamais je ne l'ai
rattrapée, ſans qu'elle ne m'ait fait quelques mor-
ſures. Elle mangeoit du poiſſon & préférablement
de la viande, qui dans les bois fait la nourriture
favorite des martres. Leur adreſſe à prendre les
oiſeaux, & à attaquer les animaux plus foibles
qu'elles, eſt inconcevable. La mienne dormoit preſque tout le jour, la nuit elle faiſoit un tapage
continuel, en s'agitant dans ſa chaîne; mais craintive
à l'excès, lorſqu'elle voyoit venir quelqu'un, elle

vraiment intéreffant par fes connoiffances
& fes qualités.

Nous fîmes dans cette journée foixante-
fix verftes en fuivant la Kamtfchatka,
dont les glaces fe trouvèrent par-tout fo-
lides & parfaitement unies; je ne vis rien
de remarquable fur ma route, ni dans le
village de Chapina, où nous arrivâmes au
foleil couchant.

Nous en partîmes le lendemain de
bonne heure; la neige nous incommoda
fort ce jour-là; la terre en étoit couverte,
& fon épaiffeur rendoit notre marche fort
difficile : nous voyageâmes prefque toujours dans des bois très-touffus de fapins
& de bouleaux. Vers la moitié du chemin,
puis un peu plus loin, nous rencontrâmes
deux rivières, dont une a environ trente

1788,
Février.
Le 5.

Le 6.

---

ceffoit de faire du bruit, puis recommençoit dès
qu'elle étoit feule. J'avois coutume de la faire fortir
plufieurs fois dans la journée ; à peine étoit-elle
fur la neige, qu'elle fe terroit & fouilloit en deffous
comme les taupes, fe montrant de temps en temps
pour fe cacher auffitôt.

1788,
Février.
Le 6.
La grande &
la petite Ni-
koulka.

toifes de large : on la nomme la grande *Nikoulka*, & l'autre la petite. Formées toutes deux par des fources qui fortent des montagnes, elles fe réuniffent en ce lieu pour porter enfemble le tribut de leurs eaux à la Kamtfchatka ; ni l'une ni l'autre n'étoient prifes, j'en attribuai la caufe à l'extrême rapidité de leur courant. L'endroit où je les paffai eft vraiment pittorefque ; mais ce que j'y trouvai de plus fingulier, c'eft que tous les fapins qui bordent en grand nombre ces rivières, y paroiffoient des arbres de glace : un givre très-épais, produit peut-être par l'humidité du lieu, s'étoit attaché à chaque rameau & en blanchiffoit toute la fuperficie.

Volcans de
Tolbatchina &
de Klutchefs-
kaïa.

A quelque diftance de Tolbatchina, nous traversâmes une lande, d'où je découvris trois volcans : aucun ne jetoit des flammes ; il en fortoit des nuages d'une fumée très-noire. Le premier, dont j'ai parlé plus haut en allant à Machoure, a fon foyer dans les entrailles d'une montagne qui n'a pas exactement la forme conique ; ſon ſommet s'eſt aplati & ſemble peu élevé. On me dit que ce premier volcan s'étoit repoſé pendant quelque temps, qu'on l'avoit même cru éteint, lorſque récemment il s'étoit tout-à-coup rallumé. Dans le nord-eſt de celui-ci ſe préſente un pic, dont la pointe paroît être le cratère du ſecond volcan, qui vomit ſans ceſſe de la fumée, mais je n'y aperçus pas la moindre étincelle de feu. Le troiſième s'offrit à moi dans le nord-nord-eſt du ſecond ; je ne pus l'obſerver comme je l'aurois ſouhaité, une aſſez haute montagne me le maſquoit preſqu'en totalité. Il emprunte ſon nom du village de Klutchefskaïa qui l'avoiſine, & l'on m'annonça que j'en paſſerois très-près ; les deux autres volcans tirent pareillement leur dénomination de l'oſtrog de Tolbatchina, où nous entrâmes d'aſſez bonne heure. Ce village eſt ſitué ſur la Kamtſchatka, à quarante-quatre verſtes de Chapina ; il ne renfermé rien d'extraordinaire. Nous y apprîmes en arrivant qu'on y avoit marié le matin deux

1788 ,
Février.
Le 6.

1788,
Février.
Le 6.

Mariages
prématurés au
Kamtschatka.

Kamtschadales : je regrettai de n'avoir pas assisté à la cérémonie, qu'on me dit être à peu-près la même qu'en Russie. Je vis les nouveaux époux qui me parurent deux enfans ; je demandai leur âge : on me répondit que le marié n'avoit guère plus de quatorze ans & la mariée tout au plus onze. De semblables mariages passeroient pour prématurés par-tout ailleurs que dans l'Asie.

Voyage à
Nijenei-kamtf-
chatka.

J'avois une envie extrême de voir la ville de Nijenei-Kamtschatka, & depuis long-temps je songeois à la satisfaire ; j'aurois imaginé faire une faute impardonnable que de quitter cette péninsule sans en connoître la capitale. Je m'étois assuré d'ailleurs que ma curiosité à cet égard ne contrarioit pas ma résolution de voyager avec toute la célérité possible ; j'étois à la vérité contraint de faire un détour, mais il n'étoit pas assez long pour m'occasionner un grand retard. Ayant donc combiné ma marche avec celle de M. Kasloff, qui s'empressa de me procurer tous les moyens de faire ce voyage avec sûreté & agrément, je m'engageai à le rejoindre à l'oſtrog de Yelofki, où ce commandant me dit qu'il comptoit paſſer pluſieurs jours pour mettre ordre à diverſes affaires de ſon adminiſtration.

Pour moins perdre de temps, je pris congé de lui le ſoir même de notre arrivée à Tolbatchina ; mais les chemins étoient encore plus mauvais que tous ceux par leſquels nous avions déja paſſés. J'eus toutes les peines à arriver au point du jour à Koſirefski, village éloigné de Tolbatchina de ſoixante-ſix verſtes.

Je ne m'y arrêtai point ; j'étois fier d'avoir ſurmonté heureuſement tous les dangers que j'avois courus pendant la nuit au milieu de ces affreux chemins *(i)*. Je crus n'avoir rien à craindre dans le jour ; je pourſuivis ma route avec une

____

(i) Je ſus enſuite que le traîneau de M. Kaſloff, qui y paſſa en plein jour, manqua d'y être mis en pièces, ayant heurté contre un arbre, & que dans le choc, deux de ſes conducteurs furent bleſſés.

1788,
Février.
Le 7.

forte de sécurité dont je ne tardai pas à être puni. Après avoir fait un assez grand nombre de verstes sur la Kamtschatka, que je fus charmé de retrouver, & dont j'admirai la largeur en cet endroit, je fus obligé de la quitter pour entrer dans une gorge où la neige apportée par les ouragans, présentoit une surface inégale & trompeuse ; il étoit impossible de voir ni d'éviter les écueils qui m'environnoient. J'entendis bientôt un craquement qui m'annonça quelque fracture dans mon traîneau ; en effet, un patin s'étoit partagé en deux : j'aidai mes guides à le rajuster tant bien que mal, & nous eûmes le bonheur de gagner Ouchkoff sans autre accident. Il étoit minuit lorsque nous y entrâmes, ayant fait dans cette journée soixante-six verstes ; mon premier soin fut de faire raccommoder mon traîneau, ce qui me retint jusqu'au lendemain.

Ostrog
d'Ouchkoff.

Il y a dans ce village un isba & onze balagans ; le nombre de ses habitans se réduit à cinq familles qui sont partagées

en

en trois yourtes. Dans le voifinage de cet oftrog fe trouve un lac très-poiffonneux, où les villages des environs viennent faire leurs approvifionnemens; il eft auffi d'une grande reffource pour la capitale, qui, fans les pêches qu'on y fait pour elle, manqueroit fouvent de poiffon qu'on fait être par-tout l'aliment de première né-ceffité.

1788,
Février.
Le 7.

Je partis d'Ouchkoff de grand matin, & à midi j'avois déjà fait quarante-quatre verftes, partie fur la Kamtfchatka, & partie à travers des landes très-vaftes. Le pre-mier village que je rencontrai fut Kreftoff; il me parut un peu plus confidérable que le précédent, mais du refte parfaitement femblable à tous les autres: je n'y reftai que le temps de prendre d'autres chiens. Jufque-là j'avois fuivi la route que devoit tenir M. Kafloff pour aller à Yelofki; mais au lieu de me rendre comme lui à Khart-china, je dirigeai ma marche en fortant de Kreftoff, vers le village de Klutchefs-kaïa, qui en eft éloigné de trente verftes.

Le 8.

Oftrog de
Kreftoff.

Partie Ire N

1788,
Février.
Le 8.

Le temps qui depuis notre départ d'Apatchin, avoit toujours été très-beau & très-froid, changea tout-à-coup dans l'après-midi ; le ciel se couvrit de nuages, & le vent qui s'éleva de la partie de l'ouest, nous donna de la neige en abondance. Elle nous incommoda extrême- ment, sur-tout pour considérer le volcan de Klutchefskaïa, que j'avois aperçu en même temps que ceux de Tolbatchina. Autant qu'il me fut possible d'en juger, la montagne qui le couve en son sein, est beaucoup plus élevée que les deux autres ; celui-ci vomit continuellement des flammes, qui semblent sortir du mi- lieu des neiges dont la montagne est couverte jusqu'au sommet.

Volcan de Klutchefskaïa.

A la nuit tombante, je parvins au vil- lage de Klutchefskaïa. Ses habitans sont tous des paysans Sibériens, tirés des en- virons de la Léna, & envoyés dans ces contrées pour la culture des terres, il y a environ cinquante ans. Le nombre des mâles tant hommes qu'enfans, ne monte à

Habitans de Klutchefskaïa.

guère plus de cinquante : la petite vérole n'y frappa que ceux d'entr'eux qui ne l'avoient pas encore eue ; mais elle en enleva plus de la moitié. Ces laboureurs n'ont pas été moins heureux que ceux des environs de Vercknei-Kamtſchatka : leur récolte & la qualité du grain, tant ſeigle qu'orge, ont cette année ſurpaſſé leur attente. Ces payſans ont beaucoup de chevaux à eux appartenant ; quelques-uns cependant ſont à la couronne.

Cet oſtrog eſt aſſez grand ; il le paroît encore davantage étant ſéparé en deux parties, dont l'une eſt à environ quatre cents pas de l'autre. Il s'étend ſur-tout de l'oueſt à l'eſt : c'eſt dans ce dernier air de vent qu'eſt placée l'égliſe ; elle eſt bâtie en bois, & dans le goût de celles de Ruſſie. La plupart des habitations ſont des iſbas mieux conſtruits & plus propres que tous ceux que j'ai vus juſqu'à préſent ; il y a auſſi des magaſins ſpacieux. Les balagans y ſont en très-petit nombre, & encore ne reſſemblent-ils point à ceux

1788,
Février.
Le 8.

Oſtrog de
Klutcheſkaïa.

1787,
Février.
Le 8.

des Kamtfchadales ; ils ont une forme oblongue ; & leur toit, qui a la pente des nôtres, pofe fur des poteaux qui le foutiennent en l'air.

La Kamtfchatka paffe au pied de cet oftrog, & n'eft jamais prife tout-à-fait en cet endroit ; elle déborde fréquemment pendant l'été : l'eau monte & pénètre parfois dans les maifons, bien qu'elles foient toutes fur la hauteur.

A quatre verftes dans l'eft de l'églife de Klutchefskaïa, eft encore un autre *zaïmka* ou petit hameau habité par des Cofaques ou foldats laboureurs, dont la récolte appartient au gouvernement ; mais je ne pus, pour l'aller voir, me déterminer à faire ce détour.

Je ne m'arrêtai que fort peu de temps à Klutchefskaïa ; l'impatience que j'avois de voir Nijenei me fit partir le foir

Oftrog de
Kamini.

même pour me rendre à Kamini, oftrog Kamtfchadale, à vingt verftes plus loin. J'y arrivai vers le milieu de la nuit, & ne fis que le traverfer.

Avant le jour j'étois à Kamokoff, à vingt verftes de Kamini ; bientôt j'atteignis Tchokofskoï ou Tchoka, ayant fait encore mes vingt-deux verftes. Delà jufqu'à Nijenei, il ne m'en reftoit plus que vingt-deux, & ce trajet fut également pour moi l'affaire de quelques heures ; j'eus le plaifir d'entrer avant midi dans cette capitale du Kamtfchatka qu'on découvre de très-loin, mais dont l'afpect n'eft ni impofant ni agréable.

Il ne préfente qu'un amas de maifons dominées par trois clochers, & fituées au bord de la Kamtfchatka, dans un baffin formé par une chaîne de montagnes qui s'élèvent à l'entour, mais qui en font cependant à une affez grande diftance. Telle eft la pofition de la ville de Nijenei, dont j'avois une plus haute idée avant de l'avoir vue. Toutes ces maifons qu'on me dit être au nombre de cent cinquante, font en bois, d'un très-mauvais goût, petites, & avoient de plus alors le défagrément d'être enfevelies.

1788,
Février,
Le 9.
Oftrogs de Kamokoff & de Tchoka.

Arrivée à Nijenei.

Defcription de cette capitale du Kamtfchatka.

N iij

ſous la neige qu'y avoient amoncelée les ouragans; ils ont régné ſans interruption de ce côté, & n'ont ceſſé que depuis peu de jours. Il y a deux égliſes à Nijenei : l'une eſt dans la ville & a deux clochers; l'autre, dépendante du fort, eſt enclavée dans ſon enceinte : ces deux bâtimens ſont d'une conſtruction choquante. Le fort eſt preſqu'au centre de la ville; il conſiſte en une paliſſade aſſez vaſte, de forme carrée. Outre l'égliſe dont je viens de parler, cet enclos renferme encore les magaſins, l'arſenal & le corps-de-garde; un factionnaire en défend l'entrée jour & nuit. La maiſon du commandant de la place, M. le major Orléankoff, eſt auprès de la fortereſſe : à la grandeur près, cette maiſon reſſemble aux autres; elle n'eſt ni d'un meilleur goût, ni plus haute.

Je deſcendis chez un malheureux exilé nommé *Snaſidoff,* qui preſque dans le même temps avoit ſubi le même ſort qu'Ivaſchkin, mais pour des cauſes différentes : il eſt, ainſi que lui, relégué au Kamtſchatka depuis l'année 1744.

A peine y étois-je, que j'y reçus la viſite d'un officier que M. Orléankoff m'envoya pour me faire compliment ſur mon heureuſe arrivée ; il fut ſuivi de pluſieurs des principaux officiers de la ville, qui vinrent tour-à-tour m'offrir leurs ſervices le plus obligeamment du monde. Je leur témoignai combien j'étois ſenſible à leurs honnêtetés ; mais dans le fond je ſouffrois de voir qu'ils m'euſſent prévenu : auſſi dès que je fus habillé, je m'empreſſai d'aller faire à chacun mes remercîmens. Je commençai par M. le major Orléankoff ; je le trouvai dans les apprêts d'une fête qu'il devoit donner le lendemain à l'occaſion du mariage d'un Polonois attaché au ſervice de Ruſſie, avec la nièce du protapope ou archiprêtre. Il eut non-ſeulement la politeſſe de m'inviter à cette noce dont il faiſoit tous les frais, mais encore il eut l'attention de venir me voir le lendemain dès le matin, & de m'emmener

1788,
Février,
Le 9.
A Nijenei-
Kamtſchatka.

N iv

avec lui, pour que je ne perdisse rien de ce spectacle, qu'il jugeoit avec raison susceptible de m'intéresser.

Cependant, ce qui m'en frappa davantage, ce fut la sévérité du cérémonial. La distinction des rangs m'y parut observée avec la plus scrupuleuse délicatesse : les complimens & les façons d'usage, toutes ces froides civilités donnèrent à l'ouverture de cette fête un certain air guindé, qui promettoit plus d'ennui que de gaîté. Le repas fut des plus magnifiques pour le pays : j'y vis servir entr'autres mets un grand nombre de diverses soupes ; elles étoient accompagnées de viandes froides dont on mangea d'abord beaucoup. Au second service, nous eûmes le rôti & de la pâtisserie ; mais tout cela annonçoit moins de sensualité que de profusion. Les boissons étoient faites de différens fruits de ces contrées, cuits & mêlés avec de l'eau-de-vie de France. On servit de préférence & presque continuellement force eau-de-vie du pays, faite avec de la *slatkaïa-trava* où herbe douce, dont j'ai parlé plus haut; cette liqueur, comme je l'ai dit, n'a point un goût défagréable, il eft même aromatique : on s'accoutume d'autant plus volontiers à cette eau-de-vie, qu'elle eft moins mal-faine que celle de grains. Tous les convives fe mirent infenfiblement en belle humeur ; leur raifon ne tint pas long-temps contre les vapeurs d'un breuvage auffi capiteux ; bientôt la plus groffe joie circula autour de la table. A ce bruyant & fplendide feftin fuccéda un bal affez bien compofé. L'affemblée étoit fort gaie, & l'on y danfa jufqu'au foir des contredanfes Ruffes & Polonoifes. Le bal fut terminé par un très-joli feu d'artifice que M. Orléankoff avoit fait & tira lui-même : il n'étoit pas confidérable, mais l'effet ne laiffa rien à defirer. Je jouis de la furprife & du raviffement extatique de la plupart des fpectateurs peu faits à ce genre de divertiffement ; ils étoient tous à peindre ; immobiles d'admiration, ils fe récrioient en chœur à chaque fufée.

1788,
Février.
Le 10.
A Nijenei-
Kamtfchatka.

Leurs regrets fur le peu de durée de ce feu ne m'amusèrent pas moins. Il falloit enfuite entendre tout ce monde en faire l'éloge ; & en s'en allant chacun repaffoit en foupirant tous fes plaifirs de la journée.

Je fus invité le lendemain chez le protapope, oncle de la mariée ; les chofes s'y pafsèrent comme la veille, à l'exception du feu d'artifice. Le protapope, ainfi que je l'ai dit, eft le chef de toutes les églifes du Kamtfchatka ; chaque prêtre de cette péninfule lui eft fubordonné, & il décide de toutes les affaires fpirituelles : fa réfidence eft à Nijenei. C'eft un vieillard affez vert encore ; une large barbe blanche lui defcend fur la poitrine & lui donne un air vraiment vénérable. Sa converfation me parut fpirituelle, enjouée & faite pour lui attirer le refpect & l'affection de ces peuples.

Il exifte à Nijenei deux tribunaux ; à l'un fe portent les affaires d'adminiftration, & l'autre connoît de toutes les difcuffions entre les négocians ; le magiftrat qui y préfide eft une efpèce de bourguemeſtre, ſoumis aux ordres du *gorodnitch* ou commandant de la ville. On a vu plus haut que chacune de ces juridictions relève du tribunal d'Okotsk, & qu'on rend compte de toutes les affaires au commandant de cette dernière ville.

Mais ce qui m'intéreſſa le plus à Nijenei, & que je ne ſaurois paſſer ſous ſilence, c'eſt que j'y trouvai neuf Japonois qui, l'été dernier, y furent amenés des îles Aléutiennes ſur un bâtiment Ruſſe deſtiné au commerce des loutres.

Un de ces Japonois me raconta qu'il s'étoit embarqué avec ſes compagnons ſur un navire de leur pays, pour ſe rendre aux îles Kouriles les plus au ſud, dans la vue d'y commercer avec les inſulaires; ils ſuivoient la côte & en étoient peu éloignés, lorſqu'ils eſſuyèrent un coup de vent ſi horrible, qu'ils furent emportés fort loin de-là, & s'égarèrent tout-à-fait. Suivant ſon rapport, ſelon moi très-ſuſpect, ils battirent la mer pendant près de ſix mois ſans voir la terre: ſans doute ils

1788,
Février.
Le 11.
A Nijenei-
Kamtſchatka.

Digreſſion ſur
des Japonois
que je trouvai
à Nijenei.

avoient des vivres en abondance. Enfin,
les îles Aléutiennes fe montrèrent à leurs
regards : pleins de joie, ils réfolurent d'y
attérir, fans trop favoir où ils alloient
aborder ; ils mouillèrent une ancre auprès
d'une de ces îles, & une chaloupe les
conduifit tous à terre. Ils y trouvèrent des
Ruffes qui leur proposèrent d'aller avec
eux décharger leur vaiffeau & le mettre
en sûreté ; foit défiance, foit qu'ils cruffent
en effet qu'il feroit temps le lendemain, ces Japonois ne voulurent jamais
y confentir. Ils eurent bien à fe repentir
de cette négligence ; car dans la nuit même
un vent du large grand frais, jeta le bâtiment à la côte : on ne s'en aperçut qu'au
point du jour, & l'on eut peine à fauver
la moindre partie de la cargaifon & quelques débris du navire, qui étoit prefque
en entier de bois de fenteur. Les Ruffes
qui les avoient accueillis, firent alors tout
ce qu'ils purent vis-à-vis de ces malheureux pour leur faire oublier leur perte ;
ils leur prodiguèrent les confolations, & les

déterminèrent à la fin à les suivre au Kamtschatka où ils retournoient. Mon Japonois
m'ajouta qu'ils avoient été en bien plus
grand nombre ; mais que les fatigues de la
mer, & depuis, la rigueur du climat, avoient
fait périr beaucoup de ses compagnons.

Celui qui me parloit, paroît avoir
sur les huit autres un empire marqué ;
on sut de lui qu'il étoit le négociant,,
& que ceux-ci n'étoient que des matelots
ou travailloient sous ses ordres. Ce qu'il
y a de certain, c'est qu'ils ont pour lui
un attachement & un respect singuliers ;
ils sont tous navrés de douleur, & mon-
trent la plus vive inquiétude lorsqu'il est
malade ou qu'il lui arrive quelque chose
de fâcheux : deux fois par jour réguliè-
rement ils envoient un d'entr'eux pour
le voir. On peut dire qu'il ne leur porte
pas moins d'amitié, car il ne passe jamais
une journée sans les visiter à son tour, &
il veille avec la plus grande attention à
ce qu'il ne leur manque rien. Son nom
est *Kodaïl;* sa figure n'a rien d'étrange,

1788,
Février.
Le 11.
A Nijenei-
Kamtschatka.

Détails sur le
chef de ces Ja-
ponois.

elle eſt même agréable; ſes yeux ne ſont
point tirés comme ceux des Chinois; il
a le nez alongé & de la barbe qu'il raſe
aſſez fréquemment : ſa taille eſt d'environ
cinq pieds & aſſez bien priſe. Il portoit
ſes cheveux à la chinoiſe, c'eſt-à-dire,
que du milieu de ſa tête pendoit une
treſſe de la longueur de ſes cheveux qui
étoient raſés tout autour ; mais on eſt parvenu depuis peu à lui perſuader de les
laiſſer croître & de les attacher à notre
manière. Il craint extrêmement le froid ;
les habits les plus chauds qu'on lui a
donnés, peuvent à peine l'en garantir. Il
conſerve & porte toujours en deſſous ceux
de ſon pays ; ils conſiſtent d'abord en une
ou pluſieurs chemiſes très-longues en
ſoie, ſemblables à nos robes de chambre ;
par-deſſus il en met une autre de laine ;
ce qui pourroit faire croire que cette
dernière étoffe eſt plus précieuſe à leurs
yeux ; peut-être auſſi cet arrangement
a-t-il quelque motif de commodité, c'eſt ce
que j'ignore. Les manches de ces vêtemens

font larges & ouvertes. Malgré la rigueur du climat, il a conſtamment les bras nus & le cou à découvert; ſeulement lorſqu'il ſort on lui attache un mouchoir au cou, mais il l'ôte dès qu'il entre dans l'appartement; il ne pourroit, dit-il, le ſupporter.

Sa ſupériorité ſur ſes compatriotes a dû le faire diſtinguer; mais elle y a ſans doute contribué bien moins que la vivacité de ſon eſprit & la douceur de ſon caractère. Il demeure & vit chez M. le major Orléankoff. La liberté avec laquelle il entre, ſoit chez le commandant, ſoit ailleurs, ſeroit parmi nous taxée d'inſolence ou au moins de groſſièreté; ſans cérémonie il ſe met auſſitôt le plus à ſon aiſe qu'il lui eſt poſſible, & ſe place ſur le premier ſiége qu'il trouve; il demande en même temps tout ce dont il a beſoin, ou bien le prend lui-même s'il le voit ſous ſa main. Il fume preſque ſans ceſſe; ſa pipe eſt garnie en argent & peu longue; elle ne contient guère de tabac, mais il la remplit à chaque inſtant. Fumer eſt pour

1788,
Février.
Le 11.
A Nijenei-
Kamtſchatka.

1788,
Février.
Le 11.
A Nijenei-
Kamttchatka.

lui un tel befoin, qu'on a eu beaucoup de peine à obtenir qu'il ne prît pas fa pipe à table. Sa pénétration eft des plus actives; il faifit avec une promptitude admirable tout ce qu'on veut lui faire comprendre; il paroît fur-tout très-curieux & grand obfervateur. On m'a affuré qu'il tient un journal exact de tout ce qu'il voit & de tout ce qu'il lui arrive; en effet, les objets & les ufages qu'il a fous fes yeux, font fi loin de reffembler à ceux de fa patrie, que tout eft pour lui matière à remarques; attentif à ce qui fe paffe & fe dit en fa préfence, de peur de l'oublier il en prend note par écrit. Les caractères qu'il trace m'ont paru à peu-près les mêmes que ceux des Chinois, mais la manière d'écrire eft différente; ceux-ci écrivent de droite à gauche *, & les Japonois de haut en bas **. Il parle le Ruffe fuffifamment pour fe faire entendre; cependant il faut être

---

* Les Chinois commencent leurs livres, comme nous finiffons les nôtres, par la dernière page.

** Ils rangent leurs lettres par colonnes.

accoutumé

accoutumé à fa prononciation, pour converſer avec lui ; il s'énonce avec une volubilité extraordinaire, qui fait perdre quelquefois de ce qu'il dit, ou en change la ſignification. Ses reparties en général ſont vives & naturelles ; jamais il ne déguiſe ſa façon de penſer, & il s'explique on ne peut pas plus franchement ſur le compte de chacun. Sa ſociété eſt douce, & ſon humeur aſſez égale, quoique très-portée à la méfiance ; a-t-il égaré quelque choſe ? il imagine dans la minute que cela lui a été dérobé, ce qui lui donne ſouvent un air inquiet. J'admirai ſa ſobriété, qui véritablement fait contraſte en ce pays. Quand il a réſolu de ne point boire de liqueur forte, il eſt impoſſible de l'amener ſeulement à en goûter : il en demande lorſqu'il en a envie, mais jamais il n'en fait excès. J'obſervai encore, qu'à l'inſtar des Chinois, pour manger, il ſe ſervoit de deux petits bâtons avec la plus grande dextérité.

Je lui demandai à voir de la monnoie de ſa patrie, & il s'empreſſa de ſatisfaire ma

1788,
Février.
Le 11.
A Nijenei-
Kamtſchatka.

Monnoie du
Japon.

Partie Ire   O

1788,
Février.
Le 11.
A Nijenei-
Kamtſchatka.

curioſité. Sa monnoie d'or eſt une lame d'environ deux pouces de long, peu épaiſſe & preſque ovale; divers caractères Japonois font gravés ſur ces pièces: l'or m'en parut très-bon, ſans aucun alliage; il ſe plie comme l'on veut. La monnoie d'argent eſt carrée, moins grande, moins épaiſſe & d'un moindre poids que celle d'or; cependant il m'aſſura qu'au Japon elle avoit plus de valeur. La monnoie de cuivre eſt abſolument la même que la *cache* des Chinois; elle eſt ronde, & de la grandeur à peu-près de nos pièces de deux liards: elle eſt percée carrément dans le milieu.

Marchandiſes qui faiſoient partie de la cargaiſon du vaiſſeau Japonois.

Je lui fis encore quelques queſtions ſur la nature des marchandiſes qu'on étoit parvenu à ſauver de leur vaiſſeau, & je compris à ſes réponſes qu'elles conſiſtoient principalement en taſſes, plateaux, boîtes & autres effets de ce genre, & d'un très-beau laque: je ſus encore qu'ils en avoient vendu une partie au Kamtſchatka.

On me pardonnera, je crois, cette

digreffion fur ces Japonois; je ne faurois imaginer qu'on la trouve déplacée : elle pourra fervir à faire connoître un peuple que nous fommes fi rarement dans le cas de voir & d'étudier.

Après avoir paffé environ trois jours à Nijenei-Kamtfchatka, j'en partis le 12 à une heure après midi, pour aller re-joindre M. Kafloff, que j'étois fûr de retrouver à Yelofki; je revins donc fur mes pas pour en reprendre la route que j'avois quittée. J'arrivai d'affez bonne heure à Tchoka, dernier village que j'avois traverfé pour me rendre à Nijenei, & qui en eft éloigné, comme on l'a vu, de vingt-deux verftes. Il y règne un vent violent & prefque continuel de la partie de l'oueft : on en trouve la raifon dans la pofition de cet oftrog, au bord de la rivière, entre deux chaînes de montagnes que celle-ci partage, & qui fe prolongent fur fes deux rives jufqu'à vingt-cinq verftes.

Je paffai la nuit à Kamokoff, & le

1788, *Février.*

Le 12. Départ de Nijenei-Kamt-fchatka.

1788,
Février.
Le 12.

lendemain matin je parvins en peu d'heures à l'oſtrog de Kamini ou de Pierre : là, je pris la route de Kartchina ; chemin faiſant je paſſai trois lacs, dont le dernier eſt très-étendu, & n'a guère moins de quatre à cinq lieues de circonférence. Je couchai à ce dernier oſtrog, diſtant du précédent de quarante verſtes, & ſitué ſur la rivière de Kartchina *(k)*.

Le 14.

J'en ſortis au point du jour, & malgré un très-mauvais temps que j'eſſuyai pendant toute cette journée, je vins à bout de faire les ſoixante-dix verſtes qui me reſtoient juſqu'à Yelofki : cet oſtrog eſt ſur la rivière du même nom, & eſt entouré de montagnes.

Je rejoins
M. Kaſloff à
Yelofki.

M. le commandant admira ma diligence ; mais je m'étois vainement flatté que l'inſtant de notre réunion ſeroit celui de notre départ. Les objets de ſervice qui

---

(k) En général, preſque tous les villages ont le même nom que les rivières au bord deſquelles ils ſont placés, excepté pourtant ceux qui ſont ſur la Kamtſchatka.

l'avoient appelé, n'étoient point encore terminés, ce qui l'obligea de prolonger fon féjour ; d'ailleurs il efpéroit que M. Schmaleff ne tarderoit pas à nous rejoindre : en effet, en fuivant notre itinéraire, il eût été poffible qu'il nous eût rattrapés à Yelofki. Nous y reflâmes encore cinq jours, tant pour finir les affaires que pour l'attendre inutilement. Cédant à mon impatience, M. le commandant confentit à partir le 19 de très-grand matin.

Nous fîmes d'abord cinquante-quatre verftes affez lentement; mais dans l'après midi nous fûmes furpris par une tempête horrible, qui nous vint de l'oueft & du nord-oueft. Nous étions en rafe campagne ; les tourbillons étoient fi violens, qu'il nous fut impoffible d'avancer. La neige qu'ils foulevoient par bouffées, formoit en l'air une brume épaiffe ; & nos guides, malgré la connoiffance qu'ils avoient des chemins, ne répondoient plus de ne pas nous égarer. Jamais nous ne pûmes les déterminer à nous conduire plus loin ; il

1788,
Février.
Le 14.

Le 19.
Tempête qui
nous furprit
en route.

O iij

1788,
Février.
Le 19.

étoit cruel, cependant, de refter en panne à la merci d'un ouragan auffi furieux. Quant à moi, j'avoue que je commençois fort à fouffrir, lorfque nos conducteurs nous proposèrent de nous mener auprès d'un bois, qu'ils nous dirent être peu éloigné, & où du moins nous pourrions nous mettre en quelque forte à l'abri. Nous ne balançâmes pas à profiter de leur bonne volonté; mais avant de quitter le chemin qu'il étoit impoffible de diftinguer, il nous fallut encore attendre que tous les traîneaux de notre fuite fuffent raffemblés, autrement nous euffions couru rifque de nous féparer & de nous perdre. La réunion faite, nous gagnâmes ce bois, qui fe trouva heureufement à la diftance qu'on nous avoit annoncée. Notre halte eut lieu à deux heures environ après midi.

Halte forcée auprès d'un bois.

Le premier foin de nos Kamtfchadales fut de creufer un trou dans la neige, qui, dans cet endroit, avoit au moins fix pieds de profondeur; d'autres apportèrent du bois; en un inftant le feu fut allumé & la chaudière établie. Un léger repas & quelques mefures d'eau-de-vie, remirent bientôt tout notre monde. La nuit venue, on s'occupa des moyens de la paffer le moins mal à fon aife qu'il feroit poffible; chacun travailla à fon lit : le mien étoit dans mon vezock où je pouvois me tenir couché; mais perfonne que M. le commandant & moi n'avoit une voiture auffi commode. Comment, me difois-je, ces pauvres gens vont-ils faire pour dormir? Je fus bientôt fans inquiétude fur leur compte. La manière dont je les vis préparer leur lit, mérite d'être rapportée, quoiqu'ils n'y mettent pas grande façon : après avoir fait d'abord un creux dans la neige, ils le couvrirent de petites branches d'arbres les plus menues qu'ils purent trouver; puis s'enveloppant d'une *kouklanki*, & s'enfonçant la tête dans le capuchon qui y eft adapté, ils s'y étendirent comme fur le meilleur lit du monde. Quant à nos chiens, ils

1788,
Février.
Le 19.

Manière dont les Kamtfchadales préparent leur lit fur la neige.

1788,
Février.

furent dételés & attachés à des arbres autour de nous, où ils paſsèrent la nuit ſur la neige comme à l'ordinaire.

Le 20.

Le vent ayant beaucoup diminué, nous nous remîmes en route avant le jour; il nous reſtoit encore trente verſtes à faire pour nous rendre à Ozernoï, où nous avions eu le projet de coucher la veille. Nous y arrivâmes à dix heures du matin; mais nos chiens étant fatigués à l'excès, nous fûmes contraints d'y paſſer le reſte de la journée & même la nuit, dans l'eſ-pérance que le vent, qui, dans l'après midi, recommença à ſouffler avec la plus grande force, ſe calmeroit pendant cet intervalle.

Oſtrog
d'Ozernoï.

L'oſtrog d'Ozernoï reçoit ſon nom d'un lac qui l'avoiſine. La rivière Ozernaïa coule au bas de ce village, mais elle eſt peu conſidérable; la maiſon du toyon eſt le ſeul iſba que j'aie vu à Ozernoï, & l'on me dit que je n'en trouverois plus juſqu'à la ville d'Ingiga. En revanche, j'y comptai quinze balagans & deux yourtes.

Je devrois décrire ici ces demeures fouterraines ; mais comme celles-ci font petites en comparaifon de celles que j'aurai
bientôt occafion d'obferver, j'aime mieux
en remettre la defcription à ce moment.

Nous reftâmes encore la journée du 21
à Ozernoï, pour y attendre vainement un
fergent de la fuite de M. le commandant,
qui l'avoit envoyé à la ville de Nijenei-
Kamtfchatka.

Le lendemain nous nous rendîmes à
Ouké ; nous y étions de très-bonne heure,
n'ayant fait que vingt-fix verftes : nous ne
voulûmes pas aller plus loin, pour donner
le temps à ce fergent de nous rejoindre,
ainfi qu'on lui en avoit donné l'ordre,
mais il n'arriva point.

Il n'exifte pas un feul ifba à Ouké ; cet
oftrog n'eft compofé que d'une douzaine
de balagans & de deux yourtes ; on en
avoit nettoyé une pour M. Kafloff, &
nous y pafsâmes la nuit.

Nous fortîmes de ce village au point
du jour ; à moitié chemin nous aperçûmes

1788,
Février.
Le 20.

Le 21.

Le 22.

Oftrog
d'Ouké.

Le 23.

1788,
Février.
Le 23.

un certain nombre de balagans qui ne
font habités, nous dit-on, que dans la
faifon de la pêche. Près de-là, nous re-
vîmes la mer, & nous la côtoyâmes pendant quelque temps. Je fus extrêmement
contrarié de ne pouvoir découvrir moi-
même jufqu'à quelle diftance elle étoit
prife, ni quelle étoit la direction de cette
partie de la côte de l'eft du Kamtfchatka.
Un vent du nord vint nous affaillir, &
nous poulfoit la neige dans les yeux avec
tant de violence qu'on ne pouvoit fonger
qu'à les défendre; il régnoit en outre fur
la mer une brume qui commençoit dès
le rivage & fembloit s'étendre au loin:
ce voile fombre la déroboit prefqu'entièrement à la vue. Les gens du pays que
je m'empreffai d'interroger, me répondirent que nous venions de paffer le long
d'une baie peu fpacieufe, & que la mer
étoit couverte de glace jufqu'à trente
verftes de la côte.

A Khaluli,
baidar recou-
vert en cuir.

Je ne trouvai à Khaluli, oftrog fitué
fur la rivière de ce nom, à foixante-feize

verftes d'Ouké , & peu éloigné du bord de la mer, que deux yourtes & douze à treize balagans; mais j'y vis avec plaifir un baidar recouvert en cuir. La longueur de cé bateau pouvoit être de quinze à dix-huit pieds fur quatre de large ; toute la carcaffe étoit en planches affez minces & arrangées en treillage : une pièce de bois plus longue & plus groffe que les autres fervoit de quille ; les membrures étoient affujetties avec des courroies, & le tout recouvert de plufieurs peaux de morfes & de loups marins de la groffe efpèce. J'admirai fur-tout la manière dont ces peaux étoient préparées & fi parfaitement coufues enfemble , que l'eau ne pouvoit pénétrer dans le bateau. Il me parut de la forme des nôtres ; mais moins arrondi, il n'en avoit pas la grâce ; rétréci vers les extrémités, il fe terminoit en pointe & s'aplatiffoit à la quille. La légèreté de ces embarcations fort fujettes à chavirer , a fans doute néceffité cette conftruction qui leur donne

1788 ,
Février.
Le 23.

1788,
Février.
Le 24.

plus d'aplomb. Ce baidar étoit retiré fous un hangar qui avoit été fait exprès pour le garantir de la neige. Le toyon de Khaluli nous ayant cédé fa yourte, nous y pafsâmes la nuit, car il fallut attendre au lendemain pour nous remettre en route. Le vent avoit augmenté depuis notre arrivée, & il ne tomba que dans la nuit.

Le 25.

A dix heures du matin nous avions perdu de vue Khaluli, & paffé l'ancien village de ce nom, récemment abandonné à caufe de fa mauvaife pofition. Nous rencontrâmes plus loin des habitations défertes, qui formoient autrefois l'oftrog d'Ivafchkin, tranfporté, pour la même raifon, à quelques verftes de fon premier emplacement. Enfuite nous retrouvâmes la mer, & nous fuivîmes encore pendant quelque temps la côte de l'eft. Elle nous préfenta en cet endroit une autre baie, que j'aurois voulu pouvoir confidérer à mon aife, mais la brume épaiffe qui régnoit fur la mer, à partir du rivage, ne permit pas à ma vue de s'étendre au-delà de la glace;

il me parut feulement que la brume s'é-
clairciffoit à mefure que le vent qui, jufqu'à ce moment avoit été oueft & nord-
oueft, devenoit nord-eft.

Ivafchkin eft à quarante verftes de Khaluli & très-voifin de la mer. Deux yourtes
& fix balagans compofent cet oftrog, fitué
fur une petite rivière de fon nom, qui
étoit entièrement prife, comme celle que
nous venions de paffer.

Nous couchâmes en ce village, où la
crainte d'un ouragan dont on nous difoit
menacés, nous fit refter le lendemain une
partie du jour; nous en fûmes quittes pour
la peur, & quoiqu'il fût affez tard lorfque
nous nous décidâmes, nous pûmes encore
nous rendre à Drannki : le trajet n'étoit
que de trente verftes. La pofition de cet
oftrog eft la même que celle du précédent :
nous y trouvâmes M. Haus, officier Ruffe;
il venoit de Tiguil, & apportoit à M. le
commandant divers objets d'hiftoire naturelle.

Nous partîmes de Drannki à la pointe

<table>
<tr><td>1788,
Février.
Le 25.</td></tr>
<tr><td>Oftrog
d'Ivafchkin.</td></tr>
<tr><td>Le 26.</td></tr>
<tr><td>Noustrouvons
à Drannki M.
Haus, officier
Ruffe.</td></tr>
<tr><td>Le 27.</td></tr>
</table>

1788,
Février.
Le 27.
Baie confidé-
rable & affez
commode.

du jour. Dans l'après midi nous traversâmes une baie, dont la largeur eft de
quinze verftes environ fur vingt-cinq à
trente de profondeur ; fon entrée n'a
guère moins de cinq verftes : elle eft formée par la côte du fud. Celle-ci eft une
terre baffe, qui décroît à mefure qu'elle
s'avance dans la mer. La baie court oueft-
nord-oueft & eft-fud-eft : il m'a femblé
que dans l'oueft-nord-oueft de fon entrée,
en approchant de Karagui, les vaiffeaux
pourroient mouiller fûrement à l'abri des
vents de fud, d'oueft & de nord. La partie
du fud ne promet pas un auffi bon mouil-
lage ; les gens du pays prétendent qu'il
s'y rencontre plufieurs bancs de fable. Je
fus obligé de m'en rapporter à leur dire;
la glace & la neige m'empêchèrent de
m'en affurer plus pofitivement.

Oftrog de
Karagui , le
dernier du dif-
trict du Kamt-
fchatka.

Nous fîmes foixante-dix verftes dans
cette journée, & le foir nous parvînmes à
Karagui. Ce village eft fur une élévation,
d'où l'on découvre la mer; fes habitations
fe bornent à trois yourtes & douze bala-

gans, au pied deſquels paſſe la Karaga. Cette rivière ſe jette dans la mer à quelques portées de fuſil de l'oſtrog, le dernier du diſtrict du Kamtſchatka ; car on ne compte pas un hameau qui eſt à cent verſtes plus loin, & où il y a très-peu de Kamtſchadales.

Comme nous ſommes forcés d'attendre ici des proviſions de poiſſons ſecs, reſtées en arrière & deſtinées à nourrir nos chiens dans les déſerts que nous devons traverſer, je vais profiter de ce ſéjour pour tranſcrire diverſes notes que j'ai priſes dans les villages précédens & dans celui-ci. Elles ne ſeront pas placées dans l'ordre où je les ai faites ; mais on doit ſentir que la rapidité de notre marche ne m'en laiſſe pas toujours le maître *(l)*.

1788,
Février.
Le 27.

(l) On me reprochera peut-être, que ma narration ne préſente ſouvent que des détails arides & trop uniformes ; je me ſerois empreſſé de les épargner au lecteur, ſi je ne lui euſſe pas promis une exactitude ſcrupuleuſe : mais qu'il obſerve de quels objets je ſuis environné dans l'immenſe étendue

Je parlerai d'abord des yourtes que je
n'ai pu encore décrire, bien qu'elles
m'aient paru mériter une attention particulière. Ces maisons bizarres s'enfon-
cent sous terre, comme je l'ai dit *(m)*,
& le comble qui s'élève au-dessus, a la
forme d'un cône tronqué; mais pour en
prendre une idée plus juste, qu'on se
figure un grand trou carré d'environ six
à sept toises de diamètre & de huit pieds
de profondeur; les quatre côtés revêtus
de solives ou de planches, & tous les in-
terstices de ces murs remplis avec de la
terre, de la paille ou de l'herbe séchée
& des pierres. Au fond de ce trou sont
plantés plusieurs poteaux soutenant des
traverses, sur lesquelles porte le toit; il

de pays que je parcours; il verra qu'ils sont
presque par-tout les mêmes. Dépend-il donc de moi
de varier mes descriptions, & de ne pas tomber dans
quelques redites !

(m) A mon passage à Paratounka, on se souvient
que je vis quelques yourtes, mais elles étoient à
moitié détruites, & j'ai pu à peine en indiquer la
forme extérieure.

commence

commence au niveau du fol & l'excède de quatre pieds; fon épaiffeur eft de deux pieds, & fa pente peu rapide. Il eft au refte conftruit comme les murs; vers le fommet, il eft percé carrément : cette ouverture a quatre pieds de long fur trois de large; c'eft par-là que s'échappe la fumée(n), & qu'on defcend dans la yourte à l'aide d'une échelle ou poutre entaillée, qui s'élève dans l'intérieur à l'orifice de cette entrée, commune aux hommes & aux femmes. On regarde comme une forte de déshonneur, de paffer fous une porte très-baffe, qui fe trouve à l'un des côtés de la yourte. Pour terminer la defcription des dehors de ces habitations, j'ajouterai

1788, *Février.* Le 28. A Karagui.

(n) La fumée règne fi continuellement dans ces maifons fouterraines, que cette iffue ne fauroit fuffire à fon évaporation. Pour la faciliter, on y pratique dans un coin inhabité, derrière le foyer, une efpèce de ventoufe, dont la direction eft oblique. Cette manière de foupirail s'appelle *joupann;* fa bouche aboutit au dehors à quelques pieds de l'ouverture carrée : on la ferme ordinairement avec une natte ou un paillaffon.

qu'elles font entourées d'une paliffade affez haute, fans doute pour les garantir des coups de vent ou de la chute des neiges ; d'autres prétendent que ces enceintes fervoient autrefois de remparts à ces peuples pour fe défendre contre leurs ennemis.

Eft - on defcendu dans ces demeures fauvages, on voudroit en être dehors; la vue & l'odorat y font également bleffés : l'unique pièce qui en compofe l'intérieur, a environ dix pieds de haut. Une eftrade large de cinq & couverte de peaux à moitié ufées de rennes, de loups marins ou d'autres animaux, fait le tour de l'appartement : cette eftrade n'eft pas à plus d'un pied de terre *(o)*, & fert communément de lit à plufieurs familles. J'ai compté dans une feule yourte plus de vingt perfonnes, tant hommes que femmes & enfans : tout ce monde mange, boit &

_____

(o) J'ai vu quelques yourtes plancheïées, mais cela eft regardé comme un luxe, & la plupart n'ont que la terre pour plancher.

dort pêle-mêle; fans gêne ni pudeur, ils y fatisfont à tous les befoins de la nature, & jamais ils ne fe plaignent du mauvais air qu'on refpire en ces lieux. A la vérité, le feu y eft prefque continuel. Pour l'ordinaire le foyer eft placé au milieu de la yourte ou dans un des côtés. Le foir, on a le foin de ramaffer la braife en tas, & de fermer le trou qui fert d'iffue à la fumée; par ce moyen, la chaleur fe concentre & fe conferve pendant toute la nuit. A la lueur d'une lampe lugubre, dont j'ai déjà fait connoître la forme & l'odeur infecte, on découvre dans un coin de l'appartement *(p)* une mauvaife image de quelque faint, toute luifante de graiffe & noire de fumée : c'eft devant ces images que ces peuples s'inclinent & font leur prière. Les autres meubles fe bornent à des bancs & à des vafes de bois, ou d'écorces d'arbre;

1788,
Février.
Le 28.
A Koriagui,

(p) Ce réduit eft en quelque forte féparé de l'appartement; il eft un peu moins fale, parce qu'il eft moins fréquenté : c'eft la place d'honneur réfervée aux étrangers.

P ij

1788 ,
Février.
Le 28.
A Karagui.

ceux qui fervent à la cuifine font en fer ou en cuivre; tous font d'une mal-propreté révoltante. Des reftes de poiffon féché font épars çà & là, & à tous momens des femmes ou des enfans font à faire griller des morceaux de peau de faumons; c'eft un de leurs mets favoris.

Habillement des enfans.

L'habillement des enfans arrêta mes regards par fa fingularité; on m'affura qu'il reffembloit parfaitement à celui des Koriaques. Il confifte en un feul vêtement, c'eft-à-dire, dans une peau de renne qui enveloppe & ferre chaque partie du corps, de forte que ces enfans paroiffent coufus de toutes parts : une ouverture en bas, devant & derrière, donne la poffibilité de les nettoyer. Cette ouverture eft recouverte d'un autre morceau de peau qui s'attache & fe lève à volonté; il foutient un paquet de mouffe *(q)*, qu'on met en guife de couche entre les jambes de

---

(q) On fe fert également de l'herbe appelée *tonnchitcha.*

l'enfant, & qu'on renouvelle à mesure qu'il l'a sali. Outre les manches ordinaires, il en est deux autres attachées à son habit, & dans lesquelles on lui passe les bras lorsqu'il a froid ; les extrémités en sont fermées, & le dedans est garni de mousse. On le coiffe aussi d'un capuchon de la même peau que son vêtement ; mais dans les yourtes, les enfans sont presque toujours tête nue, & le capuchon leur pend sur les épaules : ils ont encore pour ceinture une lanière de peau de renne. Leurs mères les portent sur le dos, par le moyen d'une courroie qui passe autour du front de la femme & sous le derrière de l'enfant.

Le toyon de Karagui, chez qui nous logions, étoit un ancien rebelle ; on avoit eu de la peine à le faire rentrer dans le devoir, & il nous donna quelques inquiétudes par le refus formel qu'il nous fit de nous procurer du poisson.

Les mœurs des habitans de cet ostrog, tiennent beaucoup de celles des Koriaques leurs voisins. Cette analogie ne se fait pas

1788,
Février.
Le 28.
A Karaguî.

Le 29.
Idiome des habitans de cet ostrog.

1788,
Février.
Le 29.
A Karagui.

Des Koriaques
nous amènent
deux rennes en
vie.

moins fentir dans l'idiome que dans l'habillement des enfans. J'eus occafion de le
remarquer le lendemain de notre arrivée.

Ayant appris que dans les environs
étoient deux hordes de Koriaques à
rennes, nous leur dépêchâmes auffitôt
un exprès pour leur propofer de nous
en vendre; ils ne fe firent pas prier, le
même jour ils nous amenèrent deux rennes
en vie. Ce fecours vint à propos pour
tranquillifer nos gens, qui commençoient
à craindre de manquer de vivres; cependant la difette menaçoit encore plus
nos chiens, les provifions de poiffon n'ar-
rivoient point. On fe hâta donc de tuer
un renne; mais lorfqu'il fut queftion du
prix, nous nous trouvâmes fort embarraffés pour traiter avec les vendeurs; ils
ne parloient ni Ruffe ni Kamtfchadale,
& leurs fignes n'étoient rien moins qu'ex-
preffifs : jamais nous ne nous fuffions en-
tendus, fans un habitant de Karagui qui
vint nous fervir d'interprète.

Diftinction
des deux fortes
de Koriaques.

On diftingue deux fortes de Koriaques;

ceux proprement appelés de ce nom, ont une réfidence fixe ; les autres, qui font nomades, font connus fous la dénomination de *Koriaques à rennes (r):* ils en ont de nombreux troupeaux, & pour les nourrir, ils les conduifent dans les cantons où la mouffe abonde. Ces pâturages font-ils épuifés, ils courent en chercher d'autres : ils errent ainfi fans ceffe, campant fous des tentes de peaux & vivant du produit de leurs rennes.

Ces animaux ne leur font pas moins utiles pour le tranfport, que les chiens aux Kamtfchadales. Les Koriaques qui nous vinrent trouver, étoient traînés par deux rennes ; mais la façon de les atteler & de les mener, & la forme du traîneau exigent des détails particuliers. Il convient, je penfe, de les renvoyer au moment où, voyageant chez ces peuples, je ferai

1788,
Février.
Le 29.
A Karagui.

(r) On me dit qu'il y avoit de ces Koriaques errans dans l'île de Karagui, à vingt-fix verftes du village de ce nom dans l'eft-fud-eft de la baie ; j'ai cru avoir découvèrt de loin cette île.

plus à portée de faire des observations exactes.

Ces provisions si desirées nous parvinrent enfin le 29 au soir ; elles nous furent amenées par le sergent que nous attendions depuis plusieurs jours. Nous nous disposâmes à partir le lendemain matin ; mais il s'éleva dans la nuit un vent d'ouest & de nord-ouest des plus violens. Cet ouragan fut accompagné de neige ; elle tomba en telle abondance, que nous fûmes contraints de différer notre départ. Il falloit un temps aussi affreux pour nous y forcer, car l'arrivée de nos provisions avoit redoublé notre impatience ; elles étoient peu considérables, & nos besoins si pressans, qu'à peine reçues elles avoient été entamées : il étoit donc de notre intérêt d'abréger les séjours, pour qu'elles ne se trouvassent pas consommées avant que nous eussions passé les déserts.

Dans la matinée le vent mollit, mais la neige continua, & le ciel menaçoit d'une autre tempête avant la fin du jour ; elle commença en effet à gronder vers les deux heures après-midi, & dura juſqu'au ſoir.

Pour nous diſtraire, on nous propoſa de prendre une idée des talens d'une cé-lèbre danſeuſe Kamtſchadale, habitante de Karagui. Ce qu'on nous en dit piqua notre curioſité, & nous la fîmes venir; mais, ſoit caprice, ſoit humeur, elle re-fuſa de danſer, & ne parut faire aucun cas de notre invitation. Vainement on lui repréſenta que c'étoit manquer de com-plaiſance & même de reſpect envers **M.** le commandant; il fut impoſſible de la déterminer. Heureuſement nous avions de l'eau-de-vie ſous la main; quelques raſades parurent changer ſes diſpoſitions. En même temps, à notre inſtigation, un Kamtſchadale ſe mit à danſer devant elle, en la provoquant de la voix & du geſte. Peu-à-peu les yeux de cette femme s'allu-mèrent; ſa contenance devint convulſive; tout ſon corps treſſailloit ſur l'eſtrade où elle étoit aſſiſe: aux agaceries, aux chants

1788,
Mars.
Le 1.er

A Karagui.
Célèbre dan-
ſeuſe Kamt-
ſchadale.

1788,
Mars.
Le 1.er
A Karagui.

aigus de son danseur, elle répondoit par de pareils efforts de voix, & en battant la mesure avec sa tête, qui tournoit en tout sens. Bientôt les mouvemens furent si pressés, que n'y tenant plus, elle s'élança à terre, & défia à son tour son homme par des cris & des contorsions encore plus bizarres. Il est difficile d'exprimer le ridicule de sa danse ; tous ses membres sembloient disloqués ; elle les remuoit avec autant de force que d'agilité ; ses mains se portoient à son sein avec une sorte de rage, le découvroient & s'y attachoient, comme si elle eût voulu le déchirer ainsi que ses vêtemens. Ces transports étranges étoient accompagnés de postures plus étranges encore ; en un mot, ce n'étoit plus une femme, mais une furie. Dans son aveugle frénésie, elle se seroit précipitée dans le feu allumé au milieu de la yourte, si son mari ne se fût pas empressé d'avancer un banc pour l'en empêcher ; il eut encore la précaution de se tenir sans cesse auprès d'elle. Lors-

qu'il vit qu'ayant abſolument perdu la
tête, elle ſe jetoit de tous côtés, & qu'elle
étoit réduite, pour ſe ſoutenir, à s'accrocher à ſon danſeur, il la prit dans ſes
bras & la porta ſur l'eſtrade ; elle y tomba,
comme une maſſe, ſans connoiſſance &
hors d'haleine. Elle fut près de cinq mi-
nutes en cet état : cependant le Kamtſchadale, fier de ſon triomphe, ne ceſſoit
pas de chanter & de danſer. Revenue à
elle, cette femme l'entendit ; ſoudain,
malgré ſa foibleſſe, elle ſe ſouleva encore,
en pouſſant des ſons mal articulés : on
eût dit qu'elle alloit recommencer cette
pénible lutte. Son mari la retint, & demanda grâce pour elle : mais le vainqueur,
ſe croyant infatigable, continuoit de
l'agacer ; il fallut uſer de nôtre autorité
pour lui impoſer ſilence. Malgré les
éloges qui furent donnés aux talens des
acteurs, j'avoue que je ne trouvai pas la
ſcène gaie ; je dirai plus, elle me révolta.

Hommes & femmes, tout le monde
ici fume & mâche du tabac. Par un

1788,
Mars.
Le 1.er
A Karagui.

Amour de ces
peuples pour
le tabac.

1788,
Mars.
Le 1.er
A Karagui.

raffinement que j'ignorois, on le mêle avec de la cendre, pour, me dit-on, le rendre plus fort. Les habitans, à qui nous en présentâmes en poudre, ne le portèrent pas à leur nez, mais à leur bouche. J'examinai leurs pipes ; elles ont la même forme que celles des Chinois ; toutes étoient d'os & très-petites. Lorsqu'ils fument, ils se gardent bien de renvoyer la fumée ; ils l'avalent avec délices.

Adieux des toyons qui nous avoient servi d'escorte.

Tous les toyons des ostrogs par lesquels nous avions passés depuis Ozernoi, par respect & par honneur pour M. Kasloff, nous avoient servi d'escorte jusqu'à Karagui.

Le surlendemain de notre arrivée, ils avoient pris congé de nous pour retourner chacun à leur village. Leurs adieux furent des plus affectueux. Après avoir demandé de nouveaux pardons à leur commandant de ne l'avoir pas mieux reçu à son passage, ils lui témoignèrent leurs vifs regrets de se séparer de lui, comme s'ils l'euffent laiffé au milieu des plus grands dangers; ils lui offrirent tout ce qu'ils poffédoient, ne connoiffant pas d'autres marques d'attachement. Ils s'adreffèrent pareillement à moi, me priant avec inftance de recevoir d'eux quelque chofe: en vain je voulus m'en défendre, mes refus ne les rendirent que plus preffans; & pour les contenter, je fus obligé de prendre leurs dons.

Il faut que je rempliffe ici envers tout le peuple Kamtfchadale, que je vais quitter, le devoir que fes procédés à mon égard m'ont impofé. Je me plais à me re-tracer le fouvenir de l'obligeant accueil qu'il m'a fait; j'ai vanté fon hofpita-lité & fa douceur, mais je ne me fuis pas affez étendu fur les témoignages d'affection que ces bonnes gens me don-nèrent. Il n'eft, je crois, aucuns chefs d'oftrogs qui ne m'aient fait quelques petits préfens; tantôt c'étoit une peau de martre zibeline ou de renard, tantôt des fruits ou du poiffon, & tels autres objets

1788,
Mars.
Le 1.er
A. Karagui.

Marques d'affection que me donnèrent les Kamtfcha-dales.

1788,
Mars.
Le 1.er
A Karagui

qu'ils jugeoient m'être agréables. J'avois beau être en garde contre leurs offres, ils revenoient sans cesse à la charge & me contraignoient d'accepter : on eût dit qu'ils prenoient à tâche de réparer envers moi, l'injustice qu'ils avoient si long-temps faite au nom François. Souvent ils me remercioient de les avoir désabusés sur notre compte ; quelquefois aussi ils étoient tentés de le regretter, en songeant qu'ils ne me verroient plus, & que mes compatriotes étoient rarement dans le cas de voyager dans leur péninsule.

Le 2.
Départ de Karagui , & circuit forcé par la débacle d'une baie.

Nous sortîmes de Karagui à une heure du matin par un temps assez calme, qui se soutint tout le jour. La seule contrariété que nous éprouvâmes dans notre marche, fut de ne pouvoir traverser, comme nous l'avions espéré, une baie que la tempête de la veille avoit fait débacler ; il fallut en faire le tour. Cette baie a de la profondeur ; sa largeur est de huit à dix verstes, & la direction de son cours me parut nord-est & sud-ouest. La glace ne s'étoit rompue que jufqu'à l'embouchure, & là, reprenant fa folidité, s'avançoit dans la mer : avec le circuit que ce dégel nous obligea de faire, notre journée peut s'é- valuer à cinquante verftes.

A la nuit tombante nous nous arrê- tâmes en plein-champ ; auffitôt les tentes furent dreffées. Sous la plus grande, ap- partenant à M. Kaffoff, fon vezock & le mien furent approchés portière contre portière, de manière qu'en baiffant les glaces, qui étoient de feuilles de talc, nous pouvions facilement nous entretenir & nous communiquer. Les autres traî- neaux étoient rangés deux à deux autour de notre tente, & l'intervalle d'un traî- neau à l'autre étoit couvert de toile ou de peaux, fous lefquelles nos conducteurs & les gens de notre fuite pouvoient fe mettre à l'abri & faire leurs lits. Telle étoit la difpofition de nos haltes en rafe campagne.

Dès que la chaudière étoit établie nous prenions du thé, puis l'on s'occupoit de

1788, *Mars.* Le 2.

Difpofition de nos haltes en rafe campagne.

En quoi con- fiftoit notre fouper, notre unique repas.

la préparation du souper, notre unique repas chaque jour. Un caporal y préfidoit comme maître d'hôtel & comme cuifinier: les mets qui fortoient de fa main n'étoient ni nombreux ni délicats; mais fa promptitude à les apprêter, & notre apétit nous rendoient indulgens. Il nous fervoit pour l'ordinaire une foupe de bifcuit de pain noir avec du riz ou du gruau; en une demi-heure elle étoit faite, & voici comment: il prenoit une pièce de bœuf ou de renne, & avant de la jeter dans l'eau bouillante, il la coupoit par morceaux très-minces, qui étoient cuits dans l'inftant.

La veille de notre départ de Karagui, on avoit tué & entamé notre fecond renne. Nous nous régalâmes avec fa moëlle crue ou cuite; je la trouvai excellente: nous fîmes auffi bouillir la langue, & je ne crois pas avoir jamais rien mangé de meilleur.

Nous reprîmes notre marche de grand matin, mais il nous fut impoffible de faire plus de trente-cinq verftes. Le vent avoit changé;

changé : revenu à l'oueſt & au ſud-oueſt, il ſouffla de nouveau avec une violence extrême & nous rejetoit la neige au viſage. Nos conducteurs ſouffrirent beaucoup, bien moins cependant que nos chiens, dont pluſieurs périrent en chemin épuiſés de fatigue ; les autres ne pouvoient nous traîner, tant ils étoient foibles, faute de nourriture : on ne leur donnoit plus qu'un quart de leur ration ordinaire, & à peine leur reſtoit-il encore des vivres pour deux jours.

Dans cette extrémité, nous dépêchâmes un ſoldat à l'oſtrog de Kaminoï, pour y chercher du ſecours, & pour faire venir à notre rencontre l'eſcorte qui devoit y attendre M. Kaſloff. C'étoit une garde de quarante hommes qu'on lui avoit envoyée d'Ingiga, à la première nouvelle de la révolte des Koriaques.

Nous n'avions plus que quinze verſtes à faire pour atteindre le village ou hameau de Gavenki ; nous eſpérions y trouver du poiſſon pour nos chiens ; & dans

1788, *Mars.*
Le 3.

Soldat envoyé à Kaminoï, pour y chercher du ſecours.

Arrivée au village de Gavenki.

Partie Ire   Q

1788,
Mars.

Le 4.
A Gavenki.

cette confiance, nous nous hafardâmes à leur accorder le foir double portion, afin de les mettre en état de nous y conduire. Après avoir paffé la nuit comme la précédente, nous nous remîmes en route à trois heures du matin : nous ne quittâmes point le bord de la mer jufqu'à Gavenki, où nous n'arrivâmes qu'à dix heures. Ce village eft ainfi nommé à caufe de fa laideur & de fon état miférable *(f)*; on n'y

Defcription de Gavenki.

voit en effet que deux yourtes menaçant ruine, & fix balagans affez mal conftruits avec de vilains bois tortus, que la mer jette parfois fur le rivage, car il n'y a pas un arbre aux environs ; feulement on y aperçoit de loin en loin quelques arbriffeaux très-chétifs & très-clair-femés. Je ne fus pas étonné d'apprendre que depuis peu, plus de vingt habitans s'étoient expatriés volontairement pour chercher de meilleurs gîtes. Aujourd'hui la population

---

(f) Son nom dérive du mot *gavna*, qui fignifie excrément.

de ce hameau fe borne à cinq familles,
y compris celle du toyon ; encore compte-
t-on dans ce nombre deux Kamtfchadales
qui font venus de l'île de Karagui, s'é-
tablir ici. On ne me dit point les raifons
de leur déplacement, mais je doute qu'ils
aient gagné au change.

Il n'y avoit pas une heure que nous
étions à Gavenki, qu'il s'éleva une querelle entre un fergent de notre fuite &
deux payfans du village, à qui il s'étoit
adreffé pour avoir du bois. Ceux-ci répondirent brufquement qu'ils n'en vou-
loient pas donner ; de propos en propos
les têtes s'échauffèrent : les Kamtfchadales
peu intimidés des menaces du fergent,
tirèrent leurs couteaux *(t)*, & vinrent
fur lui ; mais auffitôt ils furent défarmés
par deux de nos foldats. Dès que M. le
commandant fut inftruit de cet acte de

1788,
Mars.

Le 4.
A Gavenki.

Querelle entre
un de nos fer-
gens & deux
habitans de Ga-
venki.

(t) Ces couteaux pouvoient avoir deux pieds de
long ; ils s'attachent à la ceinture, & pendent fur
les cuiffes.

1788,
Mars.

Le 4.
A Gavenki.
Punition des
coupables.

violence, il ordonna qu'on fît un exemple par la punition des coupables. Il les fit amener devant la yourte où nous étions, & cherchant à en impofer aux autres habitans, il fortit pour preffer lui-même le fupplice. Le toyon qui étoit refté pour me tenir compagnie, fe mit alors à murmurer devant moi de la rigueur avec laquelle on traitoit fes deux compatriotes; fa famille m'environnoit en criant encore plus haut que lui. J'étois feul, cependant j'allois effayer de les calmer, quand je m'aperçus que M. Kafloff avoit oublié fes armes; je fautai fur nos fabres au mouvement que fit le toyon pour fortir, & je le fuivis de près. Déjà il avoit joint M. le commandant, & ameutant tous fes voifins, il demandoit à grands cris qu'on relâchât les délinquans ; il étoit, difoit-il, leur feul juge, il n'appartenoit qu'à lui de les punir. A ces clameurs féditieufes, M. Kafloff ne répondit que par un regard févère, qui déconcerta l'effronterie de ces payfans & de leurs chefs ; celui-ci dit

encore quelques mots, mais on le saifit &
on le força d'affifter au châtiment qu'il
prétendoit empêcher. Des deux rebelles
qui le fubirent, l'un étoit un jeune homme
de dix-huit ans, & l'autre un homme de
vingt-huit à trente. Ils furent déshabillés &
couchés par terre ; deux foldats leur te-
noient les jambes & les mains, tandis que
quatre autres faifoient tomber fur leurs
épaules une grêle de coups ; on les battit
ainfi l'un après l'autre avec des baguettes
de fapin féché, qui mirent leurs corps tout
en fang. A la prière des femmes, que la
foibleffe de leur fexe rend par-tout plus
compatiffantes, le fupplice fut abrégé ;
on leur remit le jeune homme, à qui
elles firent fur le champ une belle
exhortation, dont il fe fût bien paffé,
car il n'étoit guère en état de l'entendre,
& encore moins de fonger à fe révolter
une feconde fois.

La févérité dont s'arma dans cette occafion M. le commandant, étoit d'autant
plus néceffaire, que nous commençâmes

1788,
Mars.
Le 4.
A Gavenki.

Les habitans
nous refufent
du poiffon.

à apercevoir ici des nuances contagieuses du caractère inquiet des Koriaques. Opposées aux mœurs des Kamtschadales que nous venions de quitter, celles des habitans de Gavenki nous faisoient douter si c'étoit encore le même peuple : autant nous avions eu à nous louer du zèle & de la bonté des autres, autant nous eûmes à nous plaindre de la dureté & de la fourberie de ceux-ci. Quelques instances que nous leur fîmes, nous n'en pûmes obtenir du poisson, pour nos chiens ; ils nous assuroient froidement qu'ils n'en avoient point ; leurs réponses équivoques les trahissoient, & nos gens ne tardèrent pas à en reconnoître la fausseté. A force de fureter ils découvrirent des réservoirs souterrains, où, à notre approche, ces gens avoient enfoui leurs provisions. Malgré le soin qu'ils avoient pris d'en masquer les vestiges, en les couvrant artistement de terre & de neige, en peu de temps tout fut dépisté par nos chiens, que leur nez & la faim dirigeoient. A la vue de leurs caveaux enfoncés & du poiſſon qu'on en tira, ces payſans nous alléguèrent les plus mauvaiſes raiſons pour ſe juſtifier ; elles redoublèrent notre indignation, &, ſans un reſte de pitié pour eux, nous euſſions tout enlevé ; mais nous nous contentâmes d'en prendre une petite partie.

D'après ce que nous trouvâmes dans ces ſouterrains, il paroît qu'on pêche ſur ces côtes du ſaumon, du hareng, de la morue, des morſes & différens autres animaux amphibies.

Il n'y a ni ſource ni rivière dans les environs, mais ſeulement un lac qui fournit de l'eau aux habitans de Gavenki. Ils ont ſoin l'hiver de venir caſſer la glace qui le couvre ; ils en emportent des quartiers conſidérables, puis les jettent dans des eſpèces d'auges, ſuſpendues dans la yourte à la hauteur d'un homme. La chaleur y eſt aſſez forte, pour que la glace ſe fonde peu à peu ; & c'eſt-là que chacun vient puiſer quand il a ſoif.

1787, *Mars.*

Le 4.
A Gavenki.

Poiſſons qu'on pêche ſur ces côtes.

Lac des environs de Gavenki.

Q iv

On voit auprès de ce village, une montagne ou une espèce de retranchement de la façon de ces peuples, qui s'y réfugioient autrefois dans leurs révoltes.

Nous ne nous arrêtâmes à Gavenki que douze à treize heures ; nous en partîmes la nuit pour nous rendre à Poustaretsk, qui en est éloigné de plus de deux cents verstes : il nous fallut cinq grands jours pour faire ce trajet ; jamais notre marche n'avoit été aussi pénible. Nous n'eûmes pas à nous plaindre du temps de la première journée ; mais le lendemain, la neige & les coups de vent nous affaillirent : ils se succédèrent sans interruption & avec tant d'impétuosité, que nos conducteurs en étoient aveuglés ; à quatre pas devant eux, ils ne distinguoient rien ; ils ne voyoient pas même le traîneau qui les suivoit immédiatement.

Pour surcroît de malheur, le guide que nous avions pris à Gavenki, étoit vieux & avoit la vue courte, aussi nous égaroit-il souvent; alors il nous faisoit arrêter, & alloit seul en avant, pour chercher des points de ralliement : mais comment en trouver dans une plaine aussi vaste, couverte de neige, & où l'on n'apercevoit ni bois, ni montagnes, ni rivières? A tous momens l'expérience de notre guide étoit mise en défaut par le mauvais temps, malgré la connoissance incroyable qu'il avoit de ces chemins : la moindre butte, le moindre arbrisseau, c'en étoit assez pour le remettre sur la voie ; cependant, comme il se trompoit quelquefois, nous jugeâmes avoir fait chaque jour plus de vingt verstes en détours forcés qu'il nous occasionna.

Au bout de deux jours, mes chiens furent réduits à un seul poisson qu'on partageoit entre tous. Le défaut de nourriture épuisa bientôt leurs forces ; à peine pouvoient-ils nous traîner : les uns tomboient sous les coups de nos conducteurs, les autres refusoient service ; plusieurs restèrent sur la place, morts d'inanition.

1788,
Mars.
Du 5 au 9,

La famine
nous enlève
nos chiens.

De trente-sept chiens attelés à mon vezock, en partant de Bolcheretsk, je n'en avois plus que vingt-trois, encore étoient-ils d'une foiblesse extrême; M. Kasloff avoit pareillement perdu beaucoup des siens.

La disette devint à la fin si grande, que nous nous vîmes à la veille de ne pouvoir sortir de ce désert. Nos chiens n'ayant plus du tout de poisson, nous fûmes obligés, pour les soutenir, de prendre sur nos propres provisions; mais leur part étoit modique; la prudence nous imposoit la plus sévère économie.

Dans cette fâcheuse conjoncture, nous abandonnâmes nos équipages au milieu du chemin, à la garde de quelques-uns de nos conducteurs; &, après avoir choisi dans l'attelage de ces traîneaux les moins mauvais chiens, pour remplacer ceux qui nous manquoient, nous poursuivîmes notre route.

Nous ne fûmes pas hors de peine ni d'inquiétude. L'eau ne tarda pas à nous manquer : le seul petit ruisseau que nous rencontrâmes étoit glacé ; il fallut nous résoudre à nous défaltérer avec de la neige. Le défaut de bois fut un autre embarras ; pas un arbre fur notre chemin ; nous faifions quelquefois une verfte pour aller à la découverte d'un méchant arbriffeau qui n'avoit pas un pied de haut : tous ceux qui s'offroient à nos regards étoient auffitôt coupés & emportés, dans la crainte de n'en pas trouver plus loin ; mais ils étoient fi petits & fi rares qu'ils ne fuffifoient pas pour cuire nos alimens. Il n'étoit donc pas queftion de nous chauffer ; le froid pourtant étoit des plus rigoureux, & la lenteur de notre marche nous donnoit le temps de nous morfondre ; à chaque pas nous étions contraints de nous arrêter pour dételer les chiens qui expiroient les uns fur les autres.

Je ne faurois rendre ce qui fe paffa en moi dans cette circonftance ; le moral fouffroit encore plus que le phyfique. Je prenois aifément mon parti fur les

1788, *Mars.* Du 5 au 9.

1788,
Mars.
Du 5 au 9.

incommodités que je partageois avec mes compagnons ; leur exemple & ma jeuneſſe me faiſoient ſupporter tout avec courage ; mais ma conſtance m'abandonnoit dès que je ſongeois à mes dépêches. La nuit, le jour, elles étoient ſans ceſſe ſous ma main, je n'y touchois qu'en frémiſſant. L'impatience de remplir ma miſſion, l'image des obſtacles que j'avois à vaincre, l'incertitude d'y réuſſir, toutes ces idées venoient à la fois m'agiter. Je les écartois ; l'inſtant d'après, une nouvelle contrariété me ramenoit à ces réflexions déſeſpérantes.

Moyen dont nous nous ſervions pour faire avancer nos chiens.

En ſortant de Gavenki, nous avions quitté la côte de l'eſt ; celle de l'oueſt ſe préſenta à nous à deux verſtes de Pouſta-retsk ; de ſorte que nous avions traverſé cette partie du Kamtſchatka dans toute ſa largeur, qui n'eſt, comme l'on voit, que de deux cents verſtes, c'eſt-à-dire, de cinquante lieues. Nous fîmes ce trajet plus à pied qu'en traîneaux : nos chiens étoient ſi foibles, que nous préférions de nous fatiguer nous-mêmes pour les foulager, rarement encore en alloient-ils plus vîte. Nos conducteurs ne pouvoient les faire avancer qu'en s'attelant comme eux pour les aider à tirer nos voitures, & nous les agacions en leur montrant un mouchoir que nous tournions en forme de poiffon : ils fuivoient cet appât qui fuyoit devant eux, à mefure qu'ils s'approchoient pour s'en faifir.

C'eft par ce moyen que nous vînmes à bout de franchir la montagne qui mène à Pouftaretsk. Je me crus fauvé en mettant le pied dans ce hameau, d'après l'accueil gracieux que nous firent les femmes. Nous en trouvâmes fix qui venoient au devant de nous, & qui nous abordèrent avec des démonftrations de joie les plus folles. Nous comprîmes, à quelques mots qu'elles nous dirent, que leurs maris étoient allés à l'oftrog de Potkagornoï pour y chercher de la baleine. Elles nous conduifirent à leurs habitations en chantant & fautant autour de nous comme des extravagantes. Une d'entr'elles fe dépouilla

1788,
Mars.
Du 5 au 9.

Le 9.
Arrivée
à Pouftaretsk.

d'une parque de jeune renne pour en vêtir M. le commandant; les autres nous ex-primoient par de grands éclats de rire leur ſatisfaction de notre arrivée, à la-quelle elles aſſuroient ne point s'attendre: cela n'étoit guère vraiſemblable, mais nous fîmes ſemblant de les croire, dans l'eſpé-rance d'en avoir meilleure compoſition.

Nous entrâmes à Pouſtaretsk le 9 à trois heures après-midi; notre premier ſoin fut de viſiter tous les réſervoirs de poiſſon. Quel fut notre chagrin en les voyant vides! nous ſoupçonnâmes ſur le champ que les habitans avoient pris la même précaution que ceux de Gavenki; & nous voilà à queſtionner ces femmes, à fouiller de tous côtés, perſuadés que les provi-ſions ſont cachées: plus on nous le nioit, plus nous pouſſions nos recherches; elles furent inutiles, nous ne pûmes rien dé-couvrir.

Dans cet intervalle on avoit dételé nos chiens pour les attacher par pelotons à l'ordinaire. Dès qu'ils furent au poteau, ils se jetèrent sur leurs liens & sur leurs harnois ; en une minute tout fut dévoré. En vain essaya-t-on de les retenir ; la plus grande partie s'échappa dans la campagne où ils erroient çà & là, mangeant tout ce que leurs dents pouvoient déchirer. Il en mouroit à tous momens quelques-uns qui devenoient aussitôt la proie des autres ; Ceux-ci s'élançoient sur ces cadavres & les mettoient en pièces : chaque membre étoit disputé au ravisseur par une troupe de rivaux qui l'attaquoient avec la même furie ; s'il succomboit sous le nombre, il étoit à son tour l'objet d'un nouveau combat *(u)*. A l'horreur de les voir ainsi s'entre-dé-vorer, succédoit le triste spectacle de ceux qui assiégeoient la yourte où nous demeu-rions. Ces pauvres bêtes étoient toutes d'une maigreur à faire compassion ; elles pouvoient à peine remuer : leurs hurlemens

1788,
Mars.
Le 9.
A Pouftaretsk,

(u) Pour nous défendre nous-mêmes contre ces chiens affamés, nous étions réduits à ne point sortir sans nos bâtons, ou sans des armes qui pussent les écarter.

plaintifs & continuels fembloient nous prier de les fecourir, & nous reprocher l'impoffibilité où nous étions de le faire. Plufieurs qui fouffroient autant du froid que de la faim, fe couchoient au bord de l'ouverture extérieure, pratiquée dans le toit de la yourte, & par où s'échappe la fumée; plus ils fentoient la chaleur & plus ils s'en approchoient; à la fin, foit foibleffe, foit défaut d'équilibre, ils tomboient dans le feu fous nos yeux.

Peu d'inftans après notre arrivée, nous vîmes revenir le conducteur du foldat envoyé le 3 à Kaminoï, pour y chercher du fecours; il nous apprit que notre émiffaire en avoit lui-même le plus preffant befoin, trop heureux d'avoir rencontré à douze verftes au nord de Pouftaretsk, une mauvaife yourte abandonnée; il s'y étoit mis à l'abri des tempêtes qui l'avoient égaré dix fois. Les provifions que nous lui avions données pour lui & pour fes chiens étoient confommées, & il attendoit impatiemment qu'on vînt le

tirer

tirer d'embarras, fans quoi il lui étoit impoffible de fortir de fon afyle, ni pour exécuter les ordres dont il étoit chargé, ni pour nous rejoindre.

M. Kafloff, loin de fe laiffer abattre par ce nouveau contre-temps, ranima notre courage, en nous faifant part des derniers expédiens qu'il étoit réfolu d'employer. Déjà, fur l'affurance qui nous fut donnée qu'une baleine avoit échoué auprès de Potkagornoi, il y avoit envoyé un exprès; la plus grande célérité lui étoit recommandée, & il devoit rapporter de la chair & de la graiffe de ce poiffon le plus qu'il pourroit.

Cette reffource étant encore incertaine, M. le commandant nous propofa de faire le facrifice du peu de vivres que chacun de nous comptoit réferver pour fes propres chiens. Il étoit queftion de nous en deffaifir en faveur du fergent Kabéchoff, qui s'offroit d'aller à Kaminoi. Dans la détreffe où nous étions, la moindre lueur d'efpérance fuffifoit pour nous décider à

Partie Ire   R

1788,
Mars.
Le 9.
A Pouftaretsk.

Exprès envoyé à Potkagornoi pour y chercher de la baleine.

Le fergent Kabéchoff part pour Kaminoi avec le refte de nos provifions.

tout riſquer ; nous embraſsâmes donc cet avis avec tranſport , nous abandonnant au zèle & à l'intelligence de ce ſergent.

Il partit le 10, muni d'inſtructions détaillées & du reſte de nos proviſions. Dans ſa route il devoit ramaſſer notre pauvre ſoldat , & de-là courir remplir la commiſſion dont celui-ci n'avoit pu s'acquitter. Après avoir pris toutes ces meſures , nous nous exhortâmes à la patience, & nous cherchâmes à nous diſtraire de nos ſollicitudes, en attendant qu'il plût à la Providence de nous en délivrer. Je vais employer ce temps à rendre compte des obſervations que j'ai faites à Pouſtaretsk.

Ce hameau eſt ſitué ſur le penchant d'une montagne que la mer arroſe ; car on ne peut pas appeler rivière *(x)*, ce qui n'eſt proprement qu'un golfe fort étroit, qui s'avance juſqu'au pied de cette montagne : l'eau en eſt ſaumâtre & nullement

---

(x) Les gens du pays la nomment *Pouſtaïa-reka ,* c'eſt-à-dire, rivière déſerte : ce golfe étoit alors entièrement glacé.

potable; pour y fuppléer, nous buvions de la neige fondue, qui étoit notre feule eau douce. Deux yourtes où vivent environ quinze perfonnes, compofent tout le hameau; on peut encore y comprendre quelques balagans, où les habitans vont s'établir au commencement de l'été : ils les ont conftruits à quelques verftes des yourtes & plus avant dans les terres.

Ils y paffent toute la belle faifon à pêcher, & à faire leurs approvifionnemens pour l'hiver. A en juger par les alimens que je leur ai vu apprêter & manger, le poiffon n'y doit pas être abondant : leur nourriture pendant notre féjour fe borna à de la chair ou de la graiffe de baleine, à de l'écorce d'arbre crue, & à des bourgeons arrofés avec de l'huile de baleine, de loup marin ou de la graiffe d'autres animaux. Ils nous dirent qu'ils avoient pris quelquefois en pleine mer de petites morues; je ne fais s'ils en avoient en réferve dans quelque coin, mais nous avions fait tant de recherches, & nous

1788, *Mars.* Du 10 au 12. A Pouftaretsk.

Nourriture des habitans pendant notre féjour.

leur vîmes faire fi mauvaife chère, que je finis par les croire réellement auffi pauvres qu'ils paroiffoient l'être.

Leur manière de chaffer les rennes, qui fe trouvent en affez grande quantité dans ces cantons, n'eft pas moins sûre que commode. Ils entourent de paliffades une certaine étendue de terrain, en laif-fant feulement quelques ouvertures; c'eft dans ces paffages étroits qu'ils tendent leurs filets ou leurs lacs : ils fe féparent enfuite pour chaffer les rennes dans ces piéges; ces animaux, en cherchant à fe fauver, s'y précipitent & s'y trouvent arrêtés ou par le cou ou par leur bois. Il s'en échappe toujours un grand nombre qui brifent les lacets ou franchiffent les paliffades; cependant, une chaffe faite par vingt ou trente hommes, a valu parfois plus de foixante rennes.

Indépendamment des travaux du mé-nage, les femmes font chargées de la préparation des peaux de divers animaux, particulièrement des rennes, de les tein-

dre & de les coudre. Elles les raclent
d'abord avec une pierre taillante enchâſſée
dans un bâton : après en avoir enlevé la
graiſſe, elles continuent de les ratiſſer,
afin de les rendre moins épaiſſes, & de
leur donner plus de ſoupleſſe. La ſeule
couleur dont elles faſſent uſage pour les
teindre, eſt d'un rouge très-foncé ; elles
la tirent de l'écorce d'un arbre appelé en
Ruſſe *olkhovaïa-déréva*, & connu chez nous
ſous le nom de l'*aune*. On fait bouillir cette
écorce, puis on en frotte la peau juſqu'à
ce qu'elle ſoit bien imprégnée de teinture.
Les couteaux qui ſervent pour couper
enſuite ces peaux, ſont courbes & de l'in-
vention probablement de ces peuples.

Des nerfs de rennes très-effilés, &
préparés par ces mêmes femmes, leur
tiennent lieu de fil. Elles couſent parfaitement bien. Leurs aiguilles leur viennent
d'Okotsk, & n'ont rien d'extraordinaire ;
leurs dez reſſemblent à ceux de nos tail-
leurs, elles le mettent toujours ſur l'index.

A mon paſſage à Karagui, j'ai rapporté

R iij

1788,
Mars.
Du 10 au 12.
A Pouſtaretsk.

la façon dont ces peuples fument ; mais je ne puis m'empêcher d'y revenir pour en faire connoître les fuites funeftes, dont je vis ici plufieurs exemples. Leurs pipes*(y)* ne fauroient contenir plus d'une pincée de tabac, qu'ils renouvellent jufqu'à fa-tiété, & voici comment ils y parviennent : à force d'avaler la fumée, au lieu de la renvoyer, ils s'enivrent peu-à-peu, au point de tomber dans le feu, s'ils en étoient près. Heureufement l'habitude qu'ils en ont, leur a appris à fuivre les progrès de cette défaillance ; ils prennent leurs précautions en s'affeyant ou en s'ac-crochant au premier objet qu'ils rencon-trent. Leur pâmoifon dure au moins un quart d'heure, pendant lequel leur fitua-tion eft des plus pénibles ; une fueur froide inonde leur corps, la falive coule de leurs lèvres, la refpiration eft gênée & la toux

____

(y) Les tubes de ces pipes font de bois & fendus dans leur longueur ; ils s'ouvrent par le milieu, & l'économie des fumeurs les porte à en gratter les parois, pour fumer enfuite ces ratiffures.

continuelle. C'eft lorfqu'ils fe font mis
dans cet état, qu'ils croyent avoir fumé
délicieufement.

Ni les femmes ni les hommes ne portent ici de chemifes *(z)*; leur vêtement
ordinaire en a prefque la forme; il éft
moins court & de peau de renne. Quand ils
fortent, ils en paffent un autre plus chaud
par-deffus. En hiver, les femmes n'ont
point de jupes, mais des culottes fourrées.

Le 12, M. Schmaleff nous rejoignit.
Son retour nous fut d'autant plus agréable
que nous en étions fort inquiets. Il y avoit
fix femaines que nous étions féparés *(a)*,
& près d'un mois s'étoit écoulé depuis
l'inftant fixé pour notre réunion. Il lui
reftoit très-peu de provifions; mais fes
chiens étant moins mauvais que les nôtres,
nous en profitâmes pour faire venir nos
équipages, que nous avions été forcés de

1788,
Mars.
Du 10 au 12.
A Pouftaretsk.
Habillement.

Le 12.
M. Schmaleff
nous rejoint.

(z) Dans la defcription de l'habillement des
Kamtfchadales, on a vu qu'ils ont fous leur parque
une petite chemife de nankin ou de toile de coton.

(a) Le lecteur doit fe rappeler qu'il nous avoit
quitté à Apatchin le 29 janvier.

R iv

laiffer en chemin, & dont nous n'avions eu aucunes nouvelles depuis notre arrivée.

Le vent du fud-oueft qui nous avoit tant incommodés en route, fouffla avec la même violence pendant plufieurs jours; il paffa enfuite au nord-eft, mais le temps n'en fut que plus affreux.

Il fembloit que la nature en colère confpirât auffi contre nous pour multiplier les obftacles & prolonger notre misère. J'en appelle à quiconque s'eft trouvé dans une femblable pofition; il fait s'il eft cruel de fe voir ainfi enchaîné par des entraves fans ceffe renaiffantes. On a beau fe diftraire, s'armer de patience, à la longue les forces s'épuifent & la raifon perd fes droits. Rien ne nous rend nos maux plus infupportables que de n'y prévoir aucun terme.

Nous n'en fîmes que trop l'expérience à la reception des lettres qui nous vinrent de Kaminoi : nul fecours à en attendre, nous marquoit Kabéchoff; le détachement d'Ingiga étoit hors d'état de venir à notre rencontre; arrivé depuis deux mois à Ka-

minoï, il y avoit confommé non - feulement fa provifion de vivres, mais encore celles qui nous étoient deftinées.
Les chiens s'entre - dévoroient comme
les nôtres, & les quarante hommes fe
voyoient réduits à la dernière extrémité.
Notre fergent nous ajoutoit qu'il avoit
pris le parti d'envoyer fur le champ à
Ingiga, comme notre unique reffource;
fon exprès ne devoit revenir que dans
quelques jours, mais il doutoit qu'il rap-
portât une réponfe fatisfaifante, cette ville
ne pouvant être que mal approvifionnée
en vivres & en chiens, après l'envoi
confidérable qu'elle en avoit fait.

1788,
Mars.
Du 12 au 17.
A Pouftaretsk.

Ce rapport affligeant nous ôta tout
efpoir, & nous nous crûmes perdus.
Notre découragement & notre trifteffe
étoient tels, que M. Kaffoff fut d'abord
infenfible à la nouvelle de fon avance-
ment, qu'il reçut par le même courrier.
Une lettre venant d'Irkoutsk, lui ap-
prenoit qu'en reconnoiffance de fes fer-
vices, l'Impératrice le faifoit paffer du

M. Kaffoff
reçoit la nou-
velle de fon
avancement.

commandement d'Okotsk à celui de Yakoutsk. En toute autre circonſtance, cette
faveur l'eût tranſporté ; elle offroit à ſon
zèle un champ plus vaſte, & plus de
moyens d'exercer ſes talens dans l'art
de gouverner ; mais il étoit loin de
ſonger à calculer les avantages de ſon
nouveau poſte. Tout ſentiment en lui
cédoit à celui de notre danger, il en
étoit comme abſorbé.

Dans un moment auſſi critique, je ne
puis attribuer qu'à une inſpiration du
ciel, l'idée qui me vint tout-à-coup de
me ſéparer de M. Kaſloff. En y réfléchiſ-
ſant, je ſentis tout ce qu'elle avoit de
déſobligeant pour lui & de chagrinant
pour moi ; je voulus la repouſſer, mais
en vain, malgré moi je m'y arrêtois ; je
penſois à ma patrie, à ma famille, à mon
devoir. Leur aſcendant invincible l'em-
porta, & je m'ouvris à M. le commandant.
Au premier aperçu, le projet lui parut
extravagant, & il ne manqua pas de le
combattre. Le deſir de l'exécuter me

fournit des réponfes à toutes fes objections. Je lui prouvai qu'en demeurant unis, nous nous ôtions l'un à l'autre les moyens de pourfuivre notre route ; nous ne pouvions partir enfemble fans un nombreux renfort de chiens : parmi ceux qui nous reftoient, il n'y en avoit guère que vingt-fept paffables, tous les autres étoient morts ou incapables de fervir *(b)*. L'un de nous confentant à céder à l'autre ces vingt-fept chiens, ce dernier acquéroit la poffibilité d'avancer, & fon départ débarraffoit celui qu'il quittoit, du foin de nourrir encore ce petit nombre de courfiers affamés. Mais, me difoit M. Kaffoff, ne vous faudra-t-il pas toujours quelques provifions pour eux ? & comment vous en procurerez-vous ?

Je ne favois trop que répliquer à cette obfervation, lorfqu'on nous dit que notre exprès arrivoit de Potkagornoi. Plus heu-

1788, *Mars.*
Du 12 au 17.
A Pouftaretsk.

(b) On n'a pas oublié fans doute que nous étions partis de Bolcheretsk avec une meute de près de trois cents chiens.

1788,
Mars.
Du 12 au 17.
A Pouſtaretsk.

Il nous arrive
de Potkagor-
noi, de la chair
& de la graiſſe
de baleine.

reux que tous les autres, il nous apportoit de la chair & de la graiſſe de baleine
en grande quantité : ma joie, à ſa vue, fut
extrême, toutes les difficultés étoient le-
vées, je me crus déjà ſorti de Pouſtaretsk.
Dans la même minute je revins à la charge
auprès de M. le commandant, qui, n'ayant
plus rien à m'oppoſer, & ne pouvant
qu'applaudir à mon ardeur, ſe rendit à
mes ſollicitations. Il fut arrêté que je
partirois ſeul le 18 au plus tard. Dès ce
moment nous nous occupâmes des diſpoſitions néceſſaires pour aſſurer l'exécution de ce projet.

Le calme
rétabli parmi
les Koriaques.

Tout me portoit à me flatter du ſuccès.
Au milieu des triſtes nouvelles qui nous
étoient venues de Kaminoï, il s'en trouvoit quelques-unes de très-conſolantes ;
on nous affirmoit, par exemple, que nous
n'y ſerions nullement inquiétés à notre
paſſage. Le calme s'étoit rétabli parmi les
Koriaques, &, pour nous en convaincre,
ils avoient voulu que pluſieurs d'entr'eux
accompagnaſſent le ſoldat chargé des

lettres à l'adreffe de M. le commandant.
Le fils même du chef des rebelles, appelé
Eitel, étoit à la tête de l'efcorte; il nous
dit que fes compatriotes nous attendoient
depuis long-temps avec impatience, &
que fon père fe propofoit de donner à M.
Kaſloff des preuves de fon refpect en
venant au-devant de lui.

1788,
Mars,
Du 12 au 17.
A Pouſtaretsk.

Charmés de n'avoir plus rien à craindre,
au moins de ce côté, nous nous emprefsâmes de témoigner à ces Koriaques notre
fatisfaction de leur bonne volonté pour
nous; nous leur fîmes tous les préfens que
notre fituation nous permettoit, en tabac,
en étoffes & en divers objets que j'avois
achetés pendant mon voyage fur mer, &
d'autres qui m'avóient été laiffés par M. le
comte de la Pérouze. Nous leur en don-
nâmes auffi pour leurs parens; mais notre
foin principal fut de les enivrer de notre
mieux, pour qu'ils euffent bien à fe louer
de notre accueil: il falloit les traiter fuivant leur goût; or, c'eſt-là chez eux l'ef-
fence de la politeffe.

Accueil que
nous faifons
aux Koriaques.

1788,
Mars.
Du 12 au 17.
A Pouſtaretsk.

Ils ſe chargent
de deux de mes
porte - man-
teaux.

Je propoſai à ces Koriaques de ſe charger de deux de mes porte-manteaux; ils ne parurent pas d'abord s'y prêter volontiers, parce que j'exigeois qu'ils fuſſent conduits juſqu'à Ingiga; cependant à force de careſſes & d'argent, j'obtins qu'ils les prendroient ſur leurs traîneaux. L'intérêt ſeul les détermina à me rendre ce ſervice; mais il m'étoit ſi utile, que je ne crus pas l'avoir trop payé. Débarraſſé par-là de mon bagage, je n'avois plus à ſonger qu'à mes dépêches; j'étois d'ailleurs à peu-près ſans inquiétudes ſur les effets que je confiois à ces Koriaques; le ſoldat chargé de la poſte d'Ingiga, s'en retournoit avec eux, il m'avoit promis d'en avoir ſoin, & de veiller à ce que mes intentions fuſſent fidèlement ſuivies.

M. Kaſloff me
remet ſes dé-
pêches, & me
donne les paſſe-
ports néceſ-
ſaires pour ma
ſûreté.

Juſqu'au moment de mon départ, M. Kaſloff travailla *(c)* à l'expédition de ſes

(c) Ce fut véritablement un travail & des plus fatigans, ſi l'on conſidère que dans ces yourtes nous ne pouvions écrire que couchés par terre, encore étions-nous abymés de fumée, & voyions-nous notre encre ſe geler à côté de nous.

lettres, dont il étoit convenu que je me chargerois; il me délivra un *podarojenei* ou paſſeport qui devoit me ſervir juſqu'à Irkoutsk, où il écrivoit en outre pour qu'on eût à me fournir les ſecours dont j'aurois beſoin. Ce paſſeport étoit un ordre à tous les officiers Ruſſes & autres habitans ſujets de l'Impératrice, que je rencontrerois juſque-là, de me faciliter les moyens de continuer ma route avec ſûreté & promptitude. La prévoyance de M. le commandant n'oublia rien de ce qui pouvoit m'être néceſſaire : il n'eût pas porté plus loin les attentions, quand j'euſſe été ſon frère le plus chéri.

Je m'arrête, car je ne puis réſiſter à l'émotion que j'éprouve, en penſant que je vais quitter cet homme eſtimable, à qui les qualités de ſon ame, plus que les grâces de ſon eſprit, m'ont attaché pour la vie. Le ſacrifice généreux qu'il me fait pèſe en ce moment ſur mon cœur, & je me reproche de l'avoir deſiré. Qu'il m'en coûte pour le laiſſer dans ces déſerts, ſans

1788,
Mars.
Du 12 au 17.
A Pouſtaretsk.

Mes regrets en me ſéparant de M. Kaſloff.

1788,
Mars.
Du 12 au 17.
A Pouftaretsk.

favoir, avant que d'en fortir, comment il pourra lui-même s'en tirer! l'image de fa trifte pofition me pourfuit & m'agite. Ah! fans doute pour me réfoudre à m'en féparer malgré la défenfe que m'en avoit faite M. le comte de la Pérouze, il falloit, je le répète, que je fuffe entraîné par la conviction qu'il ne me reftoit pas d'autres moyens de parvenir à remettre prompte-ment mes dépêches. Sans ce motif, fans cet objet unique de ma miffion, rien ne juftifieroit à mes yeux mon empreffement à partir. Puiffe le témoignage que ma reconnoiffance rendra à jamais des bontés de M. Kafloff à mon égard, & de fon zèle pour le fervice de fa fouveraine, con-tribuer en quelque chofe à fon avance-ment & à fon bonheur! il ne manqueroit plus au mien que le plaifir de le revoir & de le ferrer dans mes bras.

FIN de la première Partie.

TABLE

Des indications de la première Partie.

INTRODUCTION. . . . . *Page* 1

Je quitte les frégates & reçois mes dépêches. 3

Je reste entre les mains de M. Kaſloff, commandant Ruſſe. 5

Départ des frégates du Roi. 6

Impoſſibilité de me rendre à Okotsk avant l'établiſſement du traînage. 7

Détails ſur le port de Saint-Pierre & Saint-Paul, & ſur un projet qui y eſt relatif. 9

Nature du ſol. 16

Climat. 17

Rivières ayant leur embouchure dans la baie d'Avatcha. 18

Départ de Saint-Pierre & Saint-Paul. 20

Arrivée & ſéjour à Paratounka. 23

Deſcription de cet oſtrog. 24

Habitations des Kamtſchadales. 25

Deſcription des balagans. 26

Deſcription des iſbas. 29

Chef ou juge de chaque oſtrog. 32

Notes ſur l'égliſe & les environs de Paratounka. 33

Départ de Paratounka. 35

Arrivée à Koriaki. 37

Deſcription de cet oſtrog. . . . . *ibid.*

Départ de Koriaki. 38

Partie Ire   S

Arrivée & séjour aux bains de Natchikin...... 40

Description des sources chaudes de Natchikin.. 41

Description des bains................... 42

Construction de nos demeures auprès de ces bains. 43

Instruction pour faire l'analyse de ces eaux thermales. 45

Résultat de nos expériences................ 49

Chasse d'une martre zibeline................ 54

Préparatifs pour notre départ................ 57

Départ de Natchikin, & détails sur notre route. 58

Arrivée à Apatchin, & notes sur ce village.... 63

Arrivée à Bolcheretsk................... 65

Naufrage de la galiote d'Okotsk............ 66

Nous allons à la découverte du bâtiment naufragé. 67

Hameau de Tchekafki.................. 68

Embouchure de la Bolchaïa-reka........... 70

Notes sur l'embouchure de Bolchaïa-reka...... 71

Ouragan terrible.................... 72

Retour à Bolcheretsk où j'ai séjourné jusqu'au 27

    janvier 1788.................... 74

Description de Bolcheretsk.............. *ibid.*

Différence remarquable entre Saint-Pierre & Saint-Paul

    & Bolcheretsk.................. 78

Population à Bolcheretsk.............. *ibid.*

Commerce frauduleux des Cosaques & autres.... 79

Commerce en général................. 82

Manière de vivre des habitans de Bolcheretsk, & en

    général des Kamtschadales, & leurs habillemens. 85

Alimens..................... 87

Boissons.................... 91

Indigènes................... 93

Réflexions fur les mœurs des habitans de Bolche-
retsk.......................... 95
Bals donnés aux dames de Bolcheretsk, & remarques
faites dans ces bals.......... 99
Fêtes & danfes Kamtfchadales............ 101
Chaffe de l'ours.......... 104
Chaffes.......... 108
Pêches.......... 111
Les chevaux font rares.......... 113
Les chiens.......... *ibid.*
Traîneaux.......... 116
Manière de chaffer le lièvre & la perdrix..... 122
Maladies.......... 125
Médecins forciers.......... 128
Forte complexion des femmes.......... 130
Remède dû à l'ours.......... 132
Religion.......... *ibid.*
Églifes.......... 134
Impôts ou tributs.......... 136
Monnoies.......... 137
Paye des foldats.......... *ibid.*
Adminiftration.......... 138
Tribunaux.......... 140
Ufages pour les fucceffions.......... 141
Note relative aux mariages.......... 142
Punitions.......... *ibid.*
Idiome.......... 143
Note fur le climat.......... 144
Caufes qui ont néceffité la longueur de notre féjour
à Bolcheretsk.......... 147

Préparatifs pour notre départ, fixé au 27 janvier. 148

Départ de Bolcheretsk.................. 150

Arrivée à Apatchin.................... 152

Adieux des habitans de Bolcheretsk.......... 153

Caufe de la mauvaife opinion que les habitans du Kamt-

fchatka avoient des François............. 154

Détails hiftoriques fur Beniovski............. *ibid.*

M. Schmaleff nous quitte pour faire la vifite du refte

de fon département................... 156

Départ d'Apatchin.................... *ibid.*

Arrivée à Malkin..................... 157

Oftrog de Malkin.................... 159

Détour forcé....................... *ibid.*

A Ganàl......................... 160

Journée très-pénible.................. 161

A Poufchiné....................... 162

Ifbas fans cheminée................... *ibid.*

Lampe Kamtfchadale.................. 163

Saleté des individus qu'on trouve dans ces ifbas. 164

Chemins remplis de neige ; exercice fatigant de mes

conducteurs...................... 165

A Vercknei-kamtfchatka ou Kamtfchatka fupérieur. 166

Préfent que nous fait Ivafchkin............. 167

Zaimka ou hameau habité par des laboureurs... 168

Habitans de Milkoff.................. 170

Oftrog de Kirgann................... 173

Séjour à Machoure chez M. le baron de Steinheil. 176

Oftrog de Machoure.................. 177

Nouveaux détails fur les chamans.......... 178

Avis d'une révolte des Koriaques........... 183

Départ de Machoure........................ 186

Volcans de Tolbatchina & de Klutchefskaïa... 188

Mariages prématurés au Kamtfchatka........ 190

Voyage à Nijenei-kamtfchatka............. ibid.

Je quitte M. Kafloff à Tolbatchina......... 191

Événemens dans mon voyage à Nijeneï - kamtfchatka.............................. ibid.

Oftrog d'Ouchkoff...................... 192

Oftrog de Kreftoff...................... 193

Volcan de Klutchefskaïa................. 194

Habitans de Klutchefskaïa............... ibid.

Oftrog de Klutchefskaïa................. 195

Oftrog de Kamini...................... 196

Oftrog de Kamokoff & de Tchoka........ 197

Arrivée à Nijenei...................... ibid.

Defcription de cette capitale du Kamtfchatka.... ibid.

Fête donnée par M. le major Orléankoff..... 200

Le protapope ou archiprêtre.............. 202

Tribunaux à Nijenei................... ibid.

Digreffion fur des Japonois que je trouvai à Nijenei. 203

Détails fur le chef de ces Japonois........ 205

Monnoie du Japon.................... 209

Marchandifes qui faifoient partie de la cargaifon du
vaiffeau Japonois..................... 210

Départ de Nijenei-kamtfchatka........... 211

Je rejoins M. Kafloff à Yélofki.......... 212

Tempête qui nous furprit en route........ 213

Halte forcée auprès d'un bois........... 214

Manière dont les Kamtfchadales préparent leur lit fur
là neige........................... 215

Oſtrog d'Ozernoï.................................. 216

Oſtrog d'Ouké.................................... 217

A Khaluli, baidar recouvert en cuir........... 218

Oſtrog d'Ivaſchkin............................... 221

Nous trouvons à Drannki M. Haus, officier Ruſſe. *ibid.*

Baie conſidérable & aſſez commode............. 222

Oſtrog de Karagui, le dernier du diſtrict du Kamtſchatka.. *ibid.*

Deſcription des yourtes.......................... 224

Diſtribution intérieure & ameublement des yourtes. 226

Habillement des enfans.......................... 228

Idiome des habitans de cet oſtrog............... 229

Des Koriaques nous amènent deux rennes en vie.. 230

Diſtinction des deux ſortes de Koriaques........ *ibid.*

Arrivée de nos proviſions....................... 232

Célèbre danſeuſe Kamtſchadale.................. 233

Amour de ces peuples pour le tabac............ 235

Adieux des Toyons qui nous avoient ſervi d'eſcorte 236

Marques d'affection que me donnèrent les Kamtſchadales:....................................... 237

Départ de Karagui, & circuit forcé par la débâcle d'une
baie... 238

Diſpoſitions de nos haltes en raſe campagne..... 239

En quoi conſiſtoit notre ſouper, notre unique repas. *ibid.*

Nos chiens commencent à ſouffrir de la diſette, pluſieurs périſſent............................... 240

Soldat envoyé à Kaminoi pour y chercher du ſecours.. 241

Arrivée au village de Gavenki................... *ibid.*

Deſcription de Gavenki.......................... 242

Querelle entre un de nos sergens & deux habitans de
Gavenki. 243
Punition des coupables. 244
Les habitans nous refusent du poisson. 245
Poisson qu'on pêche sur ces côtes. 247
Lac des environs de Gavenki. . . . . *ibid.*
Départ de Gavenki. 248
Notre guide nous égare. . . . . *ibid.*
La famine nous enlève nos chiens. 249
Nous laissons nos équipages au milieu du che-
min. 250
Nouvelles peines. . . . . *ibid.*
Moyen dont nous nous servions pour faire avancer
nos chiens. 252
Arrivée à Pouftaretsk. 253
Recherches inutiles pour trouver du poisson. . 254
Triste spectacle que nous offrent nos chiens. . . . *ibid.*
Le soldat envoyé à Kaminoi, arrêté en route. . . 256
Exprès envoyé à Potkagornoi pour y chercher de la
baleine. 257
Le sergent Kabéchoff part pour Kaminoi avec le reste
de nos provisions. . . . . *ibid.*
Description de Pouftaretsk & de ses environs. . . . 258
Nourriture des habitans pendant notre séjour. . . 259
Manière de chasser les rennes. 260
Occupation des femmes. . . . . *ibid.*
Manière de fumer. 262
Habillement. 263
M. Schmaleff nous rejoint. . . . . *ibid.*
Réponse affligeante du sergent Kabéchoff. 264

M. Kaſloff reçoit la nouvelle de ſon avancement. . 265

Je conçois l'idée de me ſéparer de M. Kaſloff. . 266

Il nous arrive de Potkagornoi de la chair & de la graiſſe de baleine. 268

Le calme rétabli parmi les Koriaques. . . . . *ibid.*

Accueil que nous faiſons aux Koriaques. 269

Ils ſe chargent de deux de mes porte-manteaux. . 270

M. Kaſloff me remet ſes dépêches, & me donne les paſſeports néceſſaires pour ma ſûreté. . . . . . *ibid.*

Mes regrets en me ſéparant de M. Kaſloff. 271

FIN de la Table de la I.ʳᵉ Partie.